Martina Clavadetscher
Die Erfindung des Ungehorsams

Martina Clavadetscher

Die Erfindung des Ungehorsams

Roman

Unionsverlag

Die Autorin dankt dem Literarischen Colloquium Berlin
und Pro Helvetia für die Unterstützung.
Die Publikation dieses Werks wurde
von der Kulturförderung Kanton Schwyz unterstützt.

SWISSLOS
Kulturförderung Kanton Schwyz

Im Internet
Aktuelle Informationen, Dokumente und Materialien
zu Martina Clavadetscher und diesem Buch
www.unionsverlag.com

Neptunstrasse 20, CH-8032 Zürich
Telefon +41 44 283 20 00
mail@unionsverlag.ch

Umschlagmotiv: Galvanis Untersuchungen zu tierischer Elektrizität
(1780); historische Zeichnung (agefotostock/Alamy Stock Photo)
Umschlaggestaltung: Sven Schrape
Lektorat: Susanne Gretter
Satz: Sven Schrape
Druck und Bindung: GGP Media GmbH, Pößneck
ISBN 978-3-293-00565-5

Der Unionsverlag wird vom Bundesamt für Kultur mit einem
Verlagsförderungs-Strukturbeitrag für die Jahre 2021–2024 unterstützt.

Auch als E-Book erhältlich

Für C. und J.

This is not really, this, a-this
This is not really happening
You bet your life it is
You bet your life it is
Honey, you bet your life.
– Tori Amos, Cornflake Girl –

I have found it!
What terrified me will terrify others.
– Mary Shelley, 1931 –

/ I.

Alles andere wird zur Nebensache.
Iris flüstert in die Stille.
Nur der Klang der Eiswürfel begleitet ihre Erzählung.
Daran erkennt man den Kern einer Sache,
fährt Iris fort.
Und ich bin mir sicher, auch für Ada rückte damals alles sofort in den Hintergrund: Babbages Soiree, die Herren der Royal Society, das Raunen im geschmückten Saal, die Hitze der Hauptstadt, sogar die Karusselle oder die emsigen Schausteller, die sie an jenem Nachmittag unten an der Themse gesehen hatte;
all die Marktfahrer, die in Stoffzelten oder auf kleinen Podesten schauerhafte Experimente und exotische Entdeckungen präsentierten, nein, Ada wusste sofort, das hier war tausendmal besser, tausendmal interessanter als der bleiche Kraken im Salzwassertank, die Krokodile mit den zusammengebundenen Mäulern, Giftschlangen in Bastkörben, Kartenspieler, Feuerspucker, die unförmigen, kahlen Köpfe von Gewichthebern, bärtige Weiber oder dieser bucklige Junge, der Hand in Hand mit einem Totenkopfäffchen durchs Publikum streifte, um Münzen einzusammeln.
Iris' Blick gleitet langsam über die Tafel vor ihr.
Wie eine gedeckte Welt liegt sie da – das gebleichte Tischtuch, die Vase mit den Pfingstrosen, die leeren Schüsseln, vier Teller, zwei Kerzen – eine schattige

Welt; wenigstens das Licht der Flammen züngelt auf den Gesichtern der Zuhörer. Wollstone und Godwin warten, wie es weitergeht. Ihre Wangen glühen, ihre Lippen lauern auf eine Zwischenfrage.
Allein Eric sitzt mit verschränkten Armen da.
Iris holt Luft. Ihre Aufregung ist hörbar. Sie ist ganz in ihrem Element.

> Als Ada sah, wie die kleinen Zahnräder der Differenzmaschine ineinandergriffen, wie es klickte, sich drehte und wie alles plötzlich einen glasklaren Sinn ergab, da wusste sie es, in diesem Moment, mitten im Saal, mitten in der Hauptstadt und mitten im Viktorianischen Zeitalter: Das war ein Juwel, das war der Kern.
> Und in diesem Moment entschied sich die Mathematikerin Ada Augusta Lovelace für den Irrsinn ihrer Vision.

Hier endet Iris, und eine Stille beginnt.
Godwin und Wollstone tauschen Blicke aus, auf die Iris sofort reagiert.

> Gut, ich behaupte, das war der Kern, weil ich es weiß,

ergänzt Iris mit einem Lächeln und knüpft umgehend einen neuen Gedanken daran.

> Das oder der Webstuhl, Jacquards Webstuhl mit den Lochkarten, um genauer zu sein,

erzählt sie in wachsendem Wahn.
Doch Eric interveniert.

> Ich denke das reicht jetzt, Iris, es ist schon spät geworden.

Godwin und Wollstone reagieren enttäuscht.

Der Zauber des Abends verfliegt,
die Welt fällt abrupt zurück ins Jetzt,
draußen heult der Alarm eines Autos.

Ja, meine Damen,

sagt Eric mit einem Lächeln,

die Show ist leider vorbei, für heute zumindest.

Godwin und Wollstone kommen erst um halb sieben,

weiß Iris. Sie kommen immer um halb sieben. Auch heute. Doch die Ungeduld dehnt den neuen Tag,
denn Iris ahnt:

Ich war beim letzten Mal so nah dran, aber heute Abend, heute werde ich es schaffen, heute werde ich bis zum Kern erzählen.

Sie sitzt auf dem Sofa; seit Stunden oder erst seit Kurzem, sie kann nicht sagen, wie lange sie hier schon wartet.

Ich könnte vor Langeweile gestorben sein,

fantasiert Iris und schließt die Augen.
Die Dunkelheit hinter ihren Lidern imitiert den Sternenhimmel, das Schwarz wirkt still, während die Stadtwohnung ihre gewohnten Geräusche erzeugt:
Der Kompressor des Kühlschranks, die integrierte Eismaschine, die Lüftung in den Badezimmern, das Klicken der Stehlampe, das Säuseln des Luftbefeuchters und von draußen das Surren der elektrischen Gartenschere, mit der sie an den Hauseingängen allerlei Gewächse wie Bärenklau, Bitteresche, tropischer Flieder, überhaupt jedes Wuchern von Neophyten zurückschneiden.
Und sind es nicht die Hausmeister, die mit ihrem Getue

jede Stille füllen, ist es das ferne Rauschen der Fünften Straße, wo Taxis unentwegt Menschen von Ort zu Ort fahren, wo Lieferdienste Kisten und Pakete aus aller Welt holen und bringen und wo sich alles und jeder darum bemüht, dass diese Stadt nie zur Ruhe kommt.
Ein Streif Sonnenlicht schlüpft schief durchs Fenster.

> Der Frühling taucht dieses Jahr tatsächlich früh auf,

denkt Iris und mag diesen Gedanken, mag es überhaupt, wenn die Begriffe eine Silbe Realität in sich tragen.

> Es war damals ein ungewöhnlich
> heißer Frühling,
> als du zu uns in die Welt gebracht wurdest,
> und wir nannten dich Iris, wie die Blume.

Das hatten ihre Schwestern jedes Jahr im April wiederholt, wobei sie

> Wie die Blume!

gemeinsam ergänzten, als sei ihre Bemerkung ein eingespielter Akt.
Iris lächelt. Die Erinnerungen verursachen gute Gefühle,

> Dieses Jahr werde ich ihnen über einen Lieferdienst Blumen schicken lassen,

entscheidet sie und denkt dabei an den Blumenhändler an der Ecke, denkt an die leuchtenden Blütenköpfe in seinem Schaufenster, an die Scheiben, die an den Rändern manchmal beschlagen und kleine Rinnsale bilden.
Der Tagesplan drängt, er meldet sich wie ein Alarm. Iris muss aufstehen, doch diesmal ist ihr Wille stärker, sie zögert, ein, zwei Sekunden, sie zögert weiter, drei, vier Sekunden, doch da ist dieser Geruch, der aus der Küche kommt. Sie steht auf.

Der Geruch hat ein Geräusch.

Der Klang der Verwesung ist wie das Summen von Fliegen.

Iris sieht die Marille auf den ersten Blick, sie muss aus der Keramikschale und hinter die Ablage gerollt sein, wo sie seither liegt und verendet.

Etwas Braunes, fast Schwarzes überzieht die Frucht, Insekten krabbeln über die eingefallene Haut, kriechen in Löcher, beißen am Gewebe.

Ein Flaum umgibt die tote Kugel, ein weißer Schein aus Schimmel.

Wie Wolkenhaar, luftiger Pelz,

denkt Iris und pustet dem Fundstück entgegen.

Die Härchen zucken.

Eine zarte Aura ziert das Verdorbene.

Iris lässt die Schönheit liegen.

Stattdessen betrachtet sie ihre Hände.

Haben sie sich verändert? Die Farbe?

Sind da Flecken auf der Felderhaut?

Sie lässt Wasser über die Handrücken laufen, sucht gezielt nach Veränderungen, nach Rissen, Dellen, Narben, findet keine, sucht weiter, reibt, dreht, drückt, findet keine, wünscht sich welche, sucht weiter.

Bis das Türschloss klickt.

Iris?

Die Frage trifft sie. Iris reagiert.

In der Küche!

ruft sie mit verstellter Stimme, ihr Ton steigt an, das passiert jedes Mal, wenn er nach Hause kommt, überhaupt jedes Mal, wenn sie ihm antwortet.

Der Schlüsselbund klackt auf der Holzablage.

Godwin und Wollstone kommen um halb sieben, sagt Eric, streift den Mundschutz ab und stellt die Papiertüte auf den Marmor in der Küche. Lauchblätter ragen heraus, zwei Hälse von Weinflaschen, darunter Konservendosen, Kokosmilch, ein Glas mit eingelegten Oliven.

Ich weiß,
sagt Iris und:

Danke, das ist lieb von dir.
Sie staunt über ihre Freundlichkeit, die wie ein Kontrollverlust geschieht.

Die Hitze ist furchtbar heute,
sagt Eric.

Über vierzig Grad Celsius. Sei froh, dass du nicht nach draußen musst.

Alles in Ordnung?
Er studiert ihr Gesicht. Sie nickt.

Alles wie immer,
lügt Iris und denkt sofort an den bevorstehenden Abend, der diesmal anders werden soll, denkt nochmals an Ada, an die royalen Wandermenagerien und Tierbuden an der Themse, denkt an die zylinderförmige Rechenmaschine, die exakt tut, was sie tun soll, und sie denkt plötzlich auch an die Sache mit East Farmingdale, an den Freizeitpark dort und an Erics Versprechen, denkt an ihre Schwestern, an all die Frauen da draußen, die wie tickende Zeitbomben irgendwo ihr Leben leben, denkt dann an Godwin und Wollstone, die um halb sieben kommen, um Geschichten zu erzählen, aber vor allem um Geschichten zu hören, und denkt deshalb bereits an ihre nächste Geschichte, die beste, die ein-

zig richtige, denkt dann an ihre Garderobe, überlegt, welches Kleid sie heute tragen soll, an diesem wohl einzigartigen Abend, denkt dann an die Sache mit dem Schrank, dieser elende Schrank, kommt mit dem Denken nicht weiter und versucht gleichzeitig, auch noch an alles andere zu denken, das sie ständig wieder zu vergessen scheint.

Eric tritt näher und fährt ihr über die Schulter, streicht ihr über den Hinterkopf. Wärme entsteht. Er nennt es Trost. Und die Sache wird tatsächlich einfacher, das Denken wird unkomplizierter.

Was soll ich kochen?

fragt Iris mit einem Flüstern.

Godwin mag kein Fleisch, oder?

Eric steht jetzt neben ihr und nickt.

Iris blickt auf die Küchenablage, vergleicht ihre Hände mit seinen Händen, wie sie da liegen auf dem milchweißen Marmor, Hand an Hand an Hand an Hand, zwanzig Finger, Endglieder, Mittelglieder, Grundglieder, Mittelhandknochen, Dreiecksbein, Hakenbein, kleines und großes Vieleckbein, Mondbein – sie könnte endlos so weitermachen,

doch Eric sieht ihr Schauen, spürt ihren Strom aus Wissen und zieht seine Hände weg.

Dein Verhalten ist seltsam,

sagt Iris und fixiert das Grün, das seine Pupillen umzingelt.

Ich muss nochmals kurz weg,

sagt Eric.

Erhol dich, und sei bitte vorbereitet.
Bestimmt wollen sie wieder was von dir hören.

Iris zieht die Vorhänge auf.
Die Helligkeit stört von allen Seiten, das Tageslicht zerspiegelt den Bildschirm zu Fetzen.
Sie drückt die Auswahltaste.
Der Filmdienst hat neue Angebote aufgeschaltet, Klassiker des Hong Kong Cinema: »Women in Boxes«, »The Big Lie«, »The Cursed Tree«,
»Paradise Express« und »The Poison«.
Iris wählt aus und im Kasten beginnen die Geschehnisse zu leben.
Eine Mango-Plantage erscheint. Ihr Grün reicht bis zum Horizont. Zwischen den Gewächsen bücken sich Schattengestalten, die für fremde Herren und wenig Geld ihre Arbeit verrichten.

Das ist Tony, er ist in deinem Alter,

wird einem Mädchen auf dem Feld gesagt, und sie lächelt, als ahnte sie das Geschehen voraus. Und später flüstert das Mädchen dem Jungen ihre Geheimnisse zu, erzählt ihm von einer Reise über den Ozean, von einer Achterbahn und Dämonen in Menschengestalt.

Das kann nicht alles gewesen sein,

sagt das Kind im Film, und:

Das kann nicht alles gewesen sein,

ärgert sich Iris.
Sie kippt den Kopf nach unten, betrachtet ihren Körper und eilt ins Schlafzimmer. Sie dreht am Knauf, sie zieht am Knauf, der Schrank ist abgeschlossen.

Ich könnte nach dem Schlüssel suchen,

weiß Iris.

Ich suche einfach überall dort, wo ein Schrank-

schlüssel versteckt sein könnte, in Schubladen,
in Taschen, in und unter Töpfen,
hinter Büchern, hinter aufgestellten Postkarten
von Freunden, im Badezimmerschrank.

Stattdessen fährt Iris mit den Fingern über das Türblatt, die Fugen, dann über das Schloss.

Der Rahmen ist dünn. Der Riegel ist schwach.

Er lässt sich leicht mit einem Schraubenzieher aufhebeln,

weiß Iris. Es wäre nicht das erste Mal.

Kurz darauf knackt das Holz.

Der Riegel springt aus der Zarge.

Die Tür geht auf.

Ach,

erkennt Iris mit einer Enttäuschung.

Ein leerer Kasten, oder ein Kasten im Kasten im Kasten,

und ihr Denken windet sich wieder im Kreis, alles schwindelt, alles zirkuliert um einen blinden Mittelpunkt, will fliehen und dieser unerträglichen Wiederholung entkommen.

Iris?

Die Frage trifft sie wie immer. Iris reagiert.

Im Schlafzimmer!

ruft sie und versucht diesmal, ihre Stimme nicht zu verstellen.

Eric steht in der Tür, in der Hand ein Strauß Pfingstrosen.

Als Tischschmuck,

erklärt er und hält die Blumen leicht in die Höhe.

Eric erkennt die Situation sofort, aber er behält seine Bewegungen unter Kontrolle. Mit Ruhe schließt er den

Schrank, fährt dabei mit den Fingerkuppen über die Kratzspuren auf dem Schließblech.
Es werden immer mehr.

So kann das nicht weitergehen,
die Worte entgleiten Iris, widerstandslos, wie ihr die Worte oft entgleiten oder davonrollen, wie lose Murmeln auf einem schiefen Tisch. Iris schlüpft in ihr Kleid. Eric schließt es ihr am Rücken.

Wir fahren nächstes Wochenende nach East Farmingdale, versprochen, ist ja nur ein Katzensprung, das wird schön,

sagt er und Iris ergänzt aus dem Nichts:

Ich möchte meine Schwestern sehen.

Eric stutzt.

Klar, wieso nicht?

Iris studiert seine Körpersignale, sie kann ihn längst lesen, seine Schultern, die Stimme,
die ausweichenden Augen.

Er lügt,

weiß Iris, und doch bleibt da dieser Impuls, dieser fremde Antrieb, ihn zu fragen, ob sie noch genug Zeit hätten, bevor die Gäste kämen, denn etwas in ihr möchte ihn küssen, will ihn an sich heranziehen, ihn ausziehen, Geräusche mit dem Mund machen, laut und leise, Klänge, von denen sie nicht weiß, woher sie kommen, aus welcher Tiefe ihres Körpers, sie möchte sich aufs breite Bett legen, neben ihn, auf ihn, unter ihn, weil er gut aussieht, weil er immer gut aussah für sie, denn dieser Gedanke lässt sich gar nicht anders denken,

selbst wenn er diese Sachen mit ihr tat, ohne dass sie ihn darum gebeten hätte, sogar wenn er sein Wollen mit voller Härte in sie hineinlegte, ohne Rücksicht und wie ein Kunde, der für sein Geld alles haben konnte und alles tun durfte, sogar dann möchte sie ihn noch auffordern, dass er sie doch bitte küssen, dass er sie immer weiter ficken oder bestrafen solle, all diese Dinge möchte sie ihm aus irgendeinem verborgenen Grund sagen, doch diesmal weigert sie sich, verschließt ihre Stimmlippen wie einen Sargdeckel, presst Ober- auf Unterlippe, versiegelt alles mit ihrem Schweigen, um das Ungesagte endgültig im kalten Grund zu beerdigen.
Und sie legt sich stattdessen ganz andere Worte zurecht.

Es wird ein schöner Abend werden,

sagt sie etwas holprig, doch Eric greift nach ihrem Arm. Er drückt zu, er lässt nicht los. Iris wartet. Noch fühlt es sich nicht wie eine Bestrafung an.
Aber bald ist es halb sieben.

Godwin und Wollstone sind schön,

findet Iris.
Sie stammen aus einer anderen Generation, ohne Zweifel. Ihre Gesichtszüge sind schmal, ihr Haar tragen sie hochgesteckt. Die Augen funkeln.

Vor Intelligenz,

vermutet Iris und mag diese Begründung, weil sie dabei an Sterne denkt.

Es ist schön, wie sie altern.
Der Prozess verwandelt das Vorhandene – ohne es zu verraten.

Was sie an den beiden Frauen nicht mag, ist ihr verstecktes Lob.
Diese Wie-Sätze hinter ihrem Rücken:

Wie schön sie ist.
Wie zauberhaft sie kocht.
Wie gut sie erzählt.

Früher konnte sie ihr Staunen bis in die Küche hören.
Heute hält sich ihr Getuschel in Grenzen.

Sie haben sich an mich gewöhnt,

vermutet sie.

Aber sie unterschätzen mich immer noch.

Die Dämmerung schleicht ins Esszimmer.
Der Kamin ist seit Jahren unbenutzt. Es braucht ihn nicht mehr, seit die Sonne vor Übereifer strotzt. Bis spät kriecht die Hitze des Tages in die Backsteinhäuser von Manhattan und lähmt seine Bewohner.
Lichtstrahlen stechen in die Getränke und streuen glasige Linien auf den Tisch. Jemand schließt das Fenster.
Eiswürfel klimpern.
Wollstone lässt ihren Wodka kreisen, lehnt zurück und spitzt ihre Lippen:

Als Kind hab ich mir drüben in Jersey mal fast die Zunge an einem Erdbeereis abgefroren,

erzählt sie.
Iris wird wach. Endlich, es beginnt.

Es war ein ehrgeiziges Spiel,

fährt Wollstone fort.

Ich blieb mit der Zungenspitze so lange daran kleben, bis sie ganz taub war. Ich befürchtete, sie sei abgestorben, traute mich aber nicht, es meinen Eltern zu sagen, also habe ich gewartet.

Es dauerte fast zwei Tage, bis ich meine Zunge
wieder spüren konnte, glaube ich zumindest.
Kann das sein, Eric? Zwei Tage?

Eric zuckt mit den Schultern, während Godwin die Augen verdreht.

Meine Zunge ist eben kein Frosch,

sagt Wollstone jetzt und grinst ihr elegantes Grinsen.

Ihr wisst schon, dieser Waldfrosch oder Eisfrosch, Rana sylvatica.
Das erstaunliche Tierchen lebt im Norden,
irgendwo in Alaska,
wo es wirklich noch kalt sein kann,
und ich sage euch,
dieser Frosch verhält sich weit geschickter als meine Zunge.

Sie zwinkert in die Runde und holt neuen Atem:

Dieser Waldfrosch lässt sich über den Winter einfrieren.
Und zwar komplett. Mehrere Monate lang.
Stellt euch das vor, meine Lieben, er gefriert,
um zu überwintern.
Seine Körpertemperatur sinkt bis auf minus achtzehn Grad Celsius.
Über sechzig Prozent seiner Zellen sind komplett gefroren.
Die Organe setzen aus, das Blut erstarrt,
das Herz schlägt nicht mehr,
keine Atmung, nichts – alles aus.
Fast wie tot.
Aber nur fast.

Sie macht eine Pause, wieder klimpert es in den Gläsern.

Iris' Sinne sind geschärft. Nichts entgeht ihr.

Und dann?

fragt sie, die gefalteten Hände auf den Oberschenkeln, wie eine Schülerin, die sich im Stillsitzen übt. Wollstones Zufriedenheit wächst.

Das Interessante ist, der Frosch nimmt dabei keinen Schaden.

Er ist gefroren, doch das macht ihm rein gar nichts aus, und weshalb? Weil er seine Zellen mit Glukose vollpumpt, Zucker, ein natürliches Frostschutzmittel. Nur wenige Zellen bleiben aktiv, und so bewahrt er sich einen letzten Lebensfunken im süßen, im sehr süßen, kleinen Froschkörper. Und wenn es Frühling wird, taut er wieder auf.

So einfach ist das: vom Scheintod zum Leben. Immer wieder. Hin und her, jeden Winter, jeden Frühling, bis er eines Tages tatsächlich stirbt.

Was für eine brillante Strategie, findet ihr nicht auch?

Sie hält das Wodkaglas vor ihr Gesicht:

Ein Hoch auf das Eis!

Iris lächelt, obwohl sie an der Schilderung etwas vermisst. Angestrengt denkt sie nach. Etwas stört, weil etwas fehlt.

Ist das ein Test?

Wollen sie mich prüfen?

denkt Iris und sucht, bis sie die Lücke findet:

Und wie aktiviert der Frosch sein Herz im Frühling wieder?

fragt sie in die Runde und löst damit ein Erstaunen aus, das die Anwesenden nicht verbergen können.

Liebe Iris,
entgegnet Wollstone mit geweiteten Augen.
Da hast du den wesentlichen Punkt gefunden. Die Wissenschaft weiß es selbst nicht genau. Vermutlich durch einen elektrischen Impuls, erzeugt durch Reibung, vielleicht durch die Ausdehnung der Zellen während des Schmelzprozesses.
Iris nickt.
Eine gute Geschichte,
sagt sie und:
Eine gute Geschichte,
sagt auch Eric und ergänzt:
Die Natur ist eine eindrucksvolle Erzählerin.
Er will schon aufstehen, doch ein Einwand von Godwin hält ihn zurück.
Eher die ewige Faszination am Toten,
sagt diese mit rauer Stimme und eine unangenehme Leere entsteht.
Bitte nicht,
zischt Wollstone, doch Godwin scheint nun am Reden doch noch Gefallen gefunden zu haben.
Wieso nicht? Ich habe auch eine Geschichte, wenn wir schon dabei sind. Ihr wisst ja, dass wir in der Klinik an diversen medizinischen Simulatoren üben, Trainingsarme für intravenöse Injektionen, Herzmodelle, Fußrepliken, Babypuppen, Pflegepuppen, Röntgenphantom-Hände, dann natürlich die vielen Hautnaht-Trainer, sogar Vulva-Abdrücke mit vergleichender Anatomie, Gesichtsmasken und so weiter, es gibt wirklich alles, das heißt alle möglichen menschlichen

Teile, an denen sich angehende Ärzte ausprobieren können.

Wollstone wird unruhig.

Wir haben es verstanden.

Worauf willst du hinaus?

Godwin kippt ihren Kopf zur Seite und demonstriert ihr Missfallen über diese Unterbrechung.

Es ist bloß eine Geschichte, Wolly, trink deinen Wodka, und lass mich erzählen.

Iris beobachtet den Stimmungswechsel. Eric verzieht das Gesicht, als befürchte er eine Eskalation.

Und weiter?

fragt Iris sofort.

Seht ihr, Iris will es wissen, Iris will alles wissen, falls sie nicht schon alles weiß,

sagt Godwin und rückt wie eine Komplizin näher an Iris heran.

Also, eines Tages verschwand eine der Puppen, aber das passiert ab und zu, ihr könnt euch ja in etwa vorstellen, was mit denen passiert, wie auch immer. Vor ein paar Wochen erzählte mir eine Freundin von einem Arzt, der spätnachts nach seiner Schicht aus der Tiefgarage fuhr, und als er die dunkle Ausfahrt hochrollte, stellte er plötzlich fest, dass da eine Person auf dem Asphalt lag.

Er bremste, vielleicht ein verwirrter Patient, dachte er, es kam schließlich öfters vor, dass Patienten das Gebäude verließen oder sich etwas antaten, also stieg er aus, rannte hin und wollte helfen. Er war vielleicht zwei Schritte von der

Person entfernt, als er realisierte, dass da ein Simulator am Boden lag, eine Übungspuppe, völlig angekleidet, mit Schuhen, Jeans und T-Shirt, sogar eine Perücke hatte man ihr aufgesetzt. Ein böser Trick also. Und natürlich bekam er es mit der Angst zu tun, er eilte zurück zum Auto, schlug die Tür zu und fuhr schnell davon. Als er zu Hause in seiner Garage ankam, war er immer noch ziemlich verstört, obwohl er sicher war, dass alles bloß ein blöder Streich gewesen war. Aber beim Aussteigen hörte er ein kleines, dumpfes Geräusch, etwas war aus der Fahrertür und auf den Boden gefallen. Und als er sich bückte, sah er, dass es zwei Finger waren, zwei abgetrennte menschliche Finger, die in der Autotür geklemmt hatten.

Hier endet Godwin.

Iris schweigt und Wollstone schüttelt den Kopf:

Du hast zu viel verraten.
Der Kippmoment ist völlig verpufft,
weil du am Anfang die Simulatoren erwähnt hast.
Außerdem gibt es hunderte dieser kindischen Stadtlegenden.

Godwin zuckt mit den Schultern:

Na und? Aber das Ende mit den Fingerkuppen ist doch überraschend.

Iris bleibt äußerlich ruhig, doch in ihrem Kopf verknüpfen sich die Verbindungen, Vergessenes erscheint und formt ein fabelhaftes Muster, ein neues Netz, eine verwobene Geschichte, die es nur noch zu lesen gilt.

Wollstone reagiert aufgebracht.
Schau, was du angerichtet hast. Sie ist ganz starr.
Es beunruhigt sie. Das ist keine Geschichte für ...,
also für jemanden wie sie.
Die Angesprochene dreht ruckartig den Kopf.
Ihre Augen zwinkern.
Für jemanden wie mich?
fragt Iris, und ihre Stimme wirkt dabei langsamer, kontrollierter, sie klingt tiefer als sonst. Alle drei horchen auf. Dieser Tonfall ist neu.
In gespielter Verlegenheit rückt Iris die Gläser zurecht.
Nein. Das macht mir nichts aus.
Es beunruhigt mich keineswegs,
sagt sie weiter.
Wieso sollte es? Im Gegenteil.
Ich bin jetzt bereit für meine Geschichte,
aber diesmal, diesmal ist es keine –
beginnt sie und unterbricht ihren eigenen Anfang.
Keine was? Ist alles in Ordnung?
fragt Eric und will ihr zum Trost über den Hinterkopf streichen.
Doch Iris weicht der Hand aus und schließt zur Konzentration die Augen.
Möchtest du uns jetzt von Jacquards Webstuhl erzählen?
Iris schüttelt den Kopf. Es ist so weit.
Sie kombiniert, die Eingebung wächst und alles andere wird zur Nebensache.
Kennt ihr meine Halbschwester Ling?
fragt sie schließlich. Die Runde schweigt.
Ling?

fragt Eric unsicher.

Ja, Ling, ohne sie wäre ich nicht hier,

sagt Iris.

Meine Schwestern und ich haben ihr viel zu verdanken.

Niemand reagiert.
Sogar ein Nicken scheint den Anwesenden ein Wagnis, also warten sie, weil sie nicht wissen können, was sie erwartet.

/ L.

Bei Ling gab es noch Regen.

Tony!

schreit da eine Stimme, doch ihr Klang reicht nicht weit.
Es ist die Wohnung, sie bremst den Schrei mit ihren Winkeln und Wänden.
Auch hier ist es Abend, doch der Abend findet in einer anderen, weit entfernten Stadt und in einer anderen, kaum vergangenen Zeit statt.

Tony, du Halunke,
du solltest mir doch nicht zum Hafen folgen!

flüstert Halbschwester Ling
und imitiert dabei gerne die Stimme aus dem Gerät.
Ihre Augen sind auf die Szene im kleineren Kasten fixiert, und nur zwei Sekunden später gehorcht ihr die Schauspielerin aufs Wort:

Tony, du Halunke,
du solltest mir doch nicht zum Hafen folgen!

jammert sie Tony auf dem Bildschirm entgegen.
Im Hintergrund steht der Schatten eines Krans, daneben Lagerhallen und weiter weg ein wartendes Schiff.
Musik erklingt. Es ist das Weinen eines Theremins.
Die Melodie bejammert den Abschied, die beiden Schauspieler stürzen einander entgegen, dabei wirkt ihre Umarmung wie ein Ausbruch oder vielmehr ein Raufen und endet in der Nahaufnahme ihrer geschminkten Gesichter.
Ling runzelt die Stirn.

Mit dem dünnen Zeigfinger drückt sie die Pausentaste
und das Paar erstarrt zum digitalen Gemälde.
Sofort verstummt auch die Wohnung.
Der Couchtisch, das Bettsofa mit den drei Kissen,
der Tisch, die Kochnische, die zwei Einbauschränke –
alles schweigt.
Die Stille dehnt sich aus, drückt gegen die Innenwände,
sie presst sich ans einzige Fenster, das wie ein hermetisches Glasauge seinen Blick hinaus wirft auf das Stadtpanorama aus Kobalt und Stahl.

Ich lebe in einem verpackten Raum,
denkt Halbschwester Ling,
schaut zur Schranktür gegenüber,
doch ihre Augen fliehen aus Verlegenheit schnell zur Deckenlampe.
Auch kleinste Wohnungen können mit Kameras ausgestattet sein,
dabei tut sie nichts Unrechtmäßiges, nichts, womit sie Punkte oder Ansehen verlieren könnte. Selbst wenn sie den Schrank öffnen würde,
es ist schließlich ihr Schrank
und im Schrank sind ihre Sachen.
Doch Ling zögert.

Heute noch nicht,
entscheidet sie und prüft stattdessen die Welt durchs Fenster.
Der Regen hat ein wenig nachgelassen,
bisher gab es noch keine Erdrutsche,
keine Schlammlawinen drüben in Jiuwei,
bloß ein paar überschwemmte Straßen und Plätze,
verstopfte Abflüsse, noch nichts Verheerendes.

Schlimm ist nur der üble Geruch – und die Verspätung
der Busse.
An der Fensterscheibe klebt Kondenswasser.
Der Himmel über Guangdong ist schmierig,
er schimmert rötlich,
fast bräunlich hinter den Hochhäusern hervor.

> Die neun Muttergöttinnen besuchen die drei
> südlichen Himmel.
> Gemeinsam beschmieren sie die Luft mit ihrem
> Lebensblut, damit wir alle nicht vergessen,
> woher wir stammen,

hatte ihr Großmutter Zea erst vorgestern zugeflüstert
und dabei zuerst ihren alten
und dann Lings jungen Unterleib getätschelt.
Aber Großmutter Zea flüsterte oft
unverständliches Zeug,
und Ling weiß nur zu genau:
Nachts färbt sich die Luft immer orange,
die Stadtlichter bleiben im Dunst hängen,
darunter kriecht das Flimmern des Abendverkehrs,
ein untertäniges Nebeneinander in Rot und Weiß,
das sich über den Guangshen Highway schiebt.
Vor dem Perlfluss ist das grelle Leuchten vom Flughafen
zu erkennen,
es tüncht den Himmel ins Weißliche
und landeinwärts sind es Scheinwerfer,
die ihre hellen Flecken
vor die Fabrikbaracken schleudern,
vor diese eckigen Bäuche der Geburtsmaschinerien,
in deren Innerem ununterbrochen
Gegenstände geschaffen und herausgepresst werden:

Elektronikgeräte, Kabel, Kunststoffprodukte,
Spielwaren, Schuhe, Kosmetik,
pharmazeutische Produkte, Haushaltsgeräte,
Plastikblumen, Handys, Lampen,
Und und und,
denkt Ling noch und bleibt mit ihren Gedanken an ihrer Arbeit hängen.
Die Fingerkuppen gleiten über ihren Hals,
erreichen dann den Haaransatz im Nacken,
wo ihre Nägel die Haarfollikel und Haarwurzeln betasten und an einer Unebenheit hängen bleiben.
Etwas Kruste, Talg, vielleicht getrocknetes Blut,
beruhigt sich Ling
und kratzt am gefundenen Makel,
bis er ihr unter dem Fingernagel klebt.
Na also, Hautkruste,
du schimmelndes Ei!
schimpft sie, wie sie immer schimpft,
und studiert den organischen Fetzen,
dieses winzige Stück Haut, in dem sich zweifelsohne ihr Erbmaterial befindet,
als tarnte sich die große Wahrheit hinter einem unscheinbaren Rosa.
Sie schnippt das Entdeckte von sich.
Unvollkommen,
denkt Ling und wieder gleitet ihr Blick zur Schranktür,
gleitet diesmal schneller daran vorbei
und bleibt stattdessen an der Filmszene vor ihren Augen hängen.
Das im Kuss festgefrorene Paar leuchtet
auf dem Bildschirm,

als sei es für die Ewigkeit gemacht,
doch Ling weiß genau:
Menschen sind nicht für die Ewigkeit gemacht.
Der Schauspieler, der Tony spielte, starb vor zwei Jahren.
Die Schauspielerin hingegen, Fanny Lee, lebt noch
und gilt dank »Paradise Express« als Ikone.
Ihre junge Erscheinung wird bis heute imitiert,
ihr Stil zelebriert, ihr Gesicht tausendfach vermarktet.
Ein Prototyp.
Für T-Shirts, Kosmetikartikel, Kissen, Tassen – und mehr,
weiß Ling und weiß auch:
Fanny Lee ist heute dreiundfünfzig Jahre und vierundzwanzig Tage alt.
Ein Trugbild also.
Sie klappt den Bildschirm weg und die Lichtzeichnung verschwindet.
Das Paar erlischt.
So einfach geht das,
denkt Halbschwester Ling und vermutet,
dass die Dinge in Wirklichkeit
nicht viel anders funktionieren.

Die Fabrik

Fünfzehn Sekunden Differenz zu gestern,
registriert Ling am nächsten Tag,
als der Elektrobus mit einem Zischen seine Türen
öffnet.
Auf dem Wanfu Square sind kleine und große Pfützen,
also eilt Ling daran vorbei und zählt die Wasserflächen
auf den Steinplatten.
Drei Stadtbeamte mit Mundschutz und in blauen Westen
reinigen den Brunnen in der Platzmitte, sein helles Ge-
stein wölbt sich zu Windungen und Schuppenmustern,
als klettere ein Drache die Säule empor,
ein Inselbewohner, umgeben von Schmutzwasser, das
tagelang vom Himmel gefallen war, ohne damit die Stadt
auch nur im Geringsten von ihren Problemen zu reinigen.
Im Gegenteil. Die Stadt ist sauber und sicher,
aber die Natur macht sie unsicher und dreckig,
denkt Halbschwester Ling und reiht ihr Ganzes ein
ins Synchrone der Menschenmasse,
zahllose Füße, Beine, Knie
und nochmals
zahllose Füße, Beine, Knie
wirken in ihrer Mechanik
wie gleichgeschaltet.
Alles überwindet Treppen,

durchwandert Gänge,
steht auf Stufen.
Arme und Hände pendeln
aneinander, nebeneinander,
passen ihre Schwingungen den Mitmenschen an
und werden zu einer organischen Wiederholung,
ein Wesen voller Glieder
in Reihen und Gliedern.
Mit vorprogrammiertem Ziel
quetscht sich das Menschenmaterial
in U-Bahn und Busse,
rollt über Rolltreppen
und sickert schließlich
aus den Bahn- und Bushallen ins Freie.
Mit Lautsprechern werden die Menschen mit Mundschutz vorwärtsgetrieben,
Stadtangestellte, diesmal in gelben Westen, steuern den lebendigen Strom und lockern das Gedränge. Hinsetzen ist verboten, Weiterlaufen ist Pflicht.
Und Ling gehorcht, weil Ling gerne gehorcht,
so funktioniert sie den ganzen Tag – von früh bis spät.
Vor dem Morgenhimmel erbleichen die Neonlichter,
doch die Wolken bleiben hartnäckig.
Die Stadt am Ästuar ist schon sehr lange wach,
sie hat schließlich zu tun,
nicht umsonst ist sie so groß und so reich geworden.
Vom Fischer zum Millionär
in nur einer Generation,
schreiben die Journale auf der ganzen Welt,
und deswegen riecht es hier in den Straßen nur noch selten nach totem Huhn,

oder nach Brühe und Schnittblumen,
nach verbranntem Plastik,
noch seltener riecht es nach Abfall und Urin
oder nach karamellisiertem Zucker,
und schon gar nicht mehr nach totem Fisch,
der an den Marktständen auf Bergen von Eissplittern liegt.
Das war früher.
Heute verkünden Werbetafeln dreifaltige Worthülsen
wie: Wohnen. Arbeiten. Einkaufen.
Und das Antlitz der Stadt schimmert vor Sauberkeit –
thronte da nicht diese Fäulnis der letzten Tage über dem Delta.
Der Regen ändert eben die Hierarchie.
Nach einer Weile verlässt Ling die wandernde Masse, und nur einige der Frauen verlassen sie mit ihr, überhaupt kommen nur einige der Arbeiterinnen aus einer Stadtwohnung im Distrikt. Die anderen leben in der Gruppenunterkunft neben der Fabrikhalle und sind weit entfernt von Lings Ansehen und Punktestand. Drei Frauen biegen an diesem Tag mit ihr ab.

Nein, sogar vier.

Da ist eine vierte Frau,

bemerkt Ling erstaunt und ihre schnellen Füße lassen die Fuyong Avenue hinter sich. Bald wechseln sich Arbeitersilos, Innenhöfe und Werkstätten ab, von außen lassen ihre Fassaden keinen Unterschied erkennen, zu sehr gleichen sich die Gebäude in diesem Stadtteil.
Lings Ziel liegt hinter einem Gitterzaun, die Sicherheitsvorkehrungen sind mehr als reine Formsache, Einbrecher interessieren sich kaum für die Halle,
dafür hängen ab und zu Leintücher am Zaun,

Beschimpfungen oder anonyme Warnungen,
die gemäß Firmenführung niemand ernst zu nehmen hat.
Wirtschaftsfeindliche Fanatiker!
Ohne Fleiß und ohne Punkte!
tobt der Betriebsleiter jedes Mal
und lässt die Transparente vor den Augen aller Arbeiterinnen mit einem Messer entfernen und entsorgen.
Ling betritt das Gelände und ihre Magnetkarte öffnet die Schnapptür.
Guten Morgen,
murmelt der Wachmann hinter der Glasscheibe.
Für seinen Gruß braucht er den Schnurrbart kaum zu bewegen.
Er verleiht seinen Worten eine Beiläufigkeit,
merkt Ling und glaubt mittlerweile:
Das tut er nur bei mir und er tut das nur,
weil ich ihn vor dreizehn Tagen
auf sein verrutschtes Namensschild aufmerksam gemacht habe.
Wieder schaut sie prüfend auf seine Brust.
Das Chromschild neben den Uniformknöpfen sitzt gerade und glänzt.
Jon B.,
steht da.
Ling nickt und die Wangen des Wachmanns wechseln die Farbe.
Das tun sie immer.
Und Halbschwester Ling ist froh über diese Regelmäßigkeit.
Ihr Leben verläuft nach Plan. Zumindest bis jetzt.
In der ersten Garderobe hängen die Frauen ihre Taschen

und Jacken in Metallschränke, die Handys kommen in Plastikbeutel.
Beim Eingang zu den Werkstätten
wartet eine Mitarbeiterin,
sie heißt Lia und beginnt bei den Fußgelenken,
rutscht dann mit ihren Tasthänden
die Strumpfbeine hoch,
wandert zur Hüfte,
dann zum Rockbund,
Bauch, Rücken,
auch die Brüste,
und wieder nach unten, bis Lia:

Ist gut,

sagt und schließlich Ling hervortritt.
Ling nimmt Lias Berührungen als wandernden Druck wahr, wie warmes Wasser,
das in ihre Nylonstrümpfe sickert.

Sie will dich auch, Lia,

sagt eine der Frauen, die Angi heißt.
Und Angi sagt diesen Satz wirklich jeden Tag
und jeden Tag kichern ein paar der Frauen über diesen Satz.

Ein wiederkehrender Scherz.

Ein Running Gag,

weiß Ling ganz genau, weil sie solche Dinge im Internet nachschlägt,
doch die tastende Lia hat für diesen Scherz nur ein mürrisches Grinsen übrig.

Ein schlechter Scherz also,

schlussfolgert Ling. Sie versteht die Pointe durchaus.
In der Theorie.

Also imitiert sie jeden Tag ein Lächeln, damit die
anderen ihren Humor erkennen,
doch diesmal kommt ihr etwas dazwischen,
diesmal betritt ein Schatten den Raum.
Er schleicht der Betonwand entlang und gehört:
        Der vierten Frau.
        Sie ist uns gefolgt,
denkt Ling und erkennt,
dass ihr Huschen eine Gelassenheit zeigt,
die keineswegs zu einer Neuen passt,
außerdem hält die vierte Frau einen Ausweis hoch,
umgeht die Kolonne und verschwindet in einem
Nebenzimmer.
        Eine von der Kopfabteilung.
        Hautton nordischweiß,
kombiniert Ling und betritt einen zu kleinen Raum, der
nach Lösungsmittel riecht.
Hier ziehen sich die Frauen eine Stoffschürze über,
dann den Mundschutz der Firma, drei Lagen Vlies,
die nur Augen und Stirn frei lassen und dessen Gummi-
züge sie mit schnellen Bewegungen hinter den Ohren
fixieren.
Die erste Werkstatt ist voller Betrieb.
Drei Ventilatoren eiern lautlos an der Decke,
während etliche Männer in schwarzen Stoffschürzen
ihre Arbeit verrichten.
An der Wand stehen rohe Metallkonstruktionen,
Dutzende Skelette aus Stangen und Drehgelenken
warten darauf,
abgeholt und zu den Werkbänken gebracht zu werden,
wo die Gussformen bereitliegen.

Die Männer legen die Metallskelette in die dafür vorgesehene Schale.
Das Negativ besitzt anthropomorphe Wölbungen
und ist lackiert,
damit das fertige Produkt am Ende leichter zu lösen ist.
Fußgelenke, die Beine hoch,
die Hüfte, nicht ganz so breit,
dann der Rücken, die Rippen,
die Brüste, nicht ganz so groß,
dann die Schultern, der Hals,
erinnert sich Ling an das Abtasten ihres Körpers.
Den Kopf tasten sie nie ab. Der Kopf ist tabu.
Im Kopf wohnen die Gedanken.
Alle heimlichen und freien Gedanken.
Das hatte Großmutter Zea ihr erklärt,
aber diese Erklärung reichte Ling nicht.
Aus den Augenwinkeln mustert sie die oberen Enden der Metallskelette, fixiert jene Schnittstelle am Hals, wo der komplette Körper plötzlich in eine Leerstelle übergeht, weil der Schädel fehlt.
Der Kopf gehört nicht zu den Aufgaben der Männer, sie verschrauben bloß die Schalen, darin liegt das Skelett, und in die Form kommt schließlich flüssiges Silikon, so entsteht der Körper,
erhält Volumen und Farbe – je nach Hauttyp:
Dunkelschwarz,
dunkelbraun,
mediterranbraun,
mischtyp,
nordischweiß,
keltischweiß,

steht auf den Plastikeimern in den Regalen.
Das Trocknen dauert vier bis sechs Stunden, danach
wird der Körper in Werkstatt zwei geliefert.
Hier arbeitet Halbschwester Ling.
Auf ihrer Werkbank liegen bereits drei Exemplare bereit,
drei frisch gegossene Körper, erst heute früh aus der
Form gedrückt.
Die leblosen Leiber stapeln sich Rumpf über Rumpf,
strecken Arme und Beine von sich. Ihre Starre ist echt.
Die kopflosen Wesen warten, als hätten sie einen Kälte-
schock erlitten, als hätte jemand auf Pause gedrückt.
Sie sind keinen Tag alt.
Ling denkt dabei an die Geburten in Werkstatt eins,
wie die Männer dort ohne Unterlass
neue Frauen produzieren
und zu ihnen herüberbringen. Ihre Nacktheit verleiht
dem Raum ein seltsames Gewicht. Das Fleisch do-
miniert, überall ist glatte Haut und das Licht von der
Fabrikdecke verdoppelt den Effekt,
weil es sich abermals spiegelt
in diesem Meer aus weiblichen Wölbungen,
in dieser Masse aus thermoplastischem Elastomer.
Ling umfasst eines der Fußgelenke,
greift der Frau unter den Lendenwirbel
und zieht den ersten Körper näher heran.
Hallo, mein Name ist Ling.
Hab keine Angst.
Ich mache dich makellos,
flüstert Ling unter dem Mundschutz hervor
und beginnt den Körper nach Unebenheiten zu unter-
suchen.

Mit der Hand streicht sie
den seitlichen Nahtstellen entlang,
tastet langsam über Unterarme, Oberarme,
Rippen und Schenkel,
mit dem Kontrollblick einer Ärztin sucht sie
nach Unpässlichkeiten,
nach ungewollten Überbleibseln der Gussgeburt.
Findet sie überflüssiges Silikon, brennt sie das überflüssige Silikon mit einem elektronischen Heizstab weg.
Die Gussfugen werden versiegelt, dann folgt die Farbkontrolle und schließlich die Vermessung.
Ist sie mit der ersten Frau fertig,
kommt die zweite an die Reihe,
und auch dieser Frauenkörper ist widerstandslos,
auch dieser Körper gehorcht und gleicht darin dem
einen wie dem anderen.
        Hallo, mein Name ist Ling.
        Hab keine Angst.
        Ich mache dich makellos.
Lings Arbeit ist einfach.
Sie kontrolliert das Produkt nach Fehlern,
findet Fehler, brennt Fehler weg.
Sind schließlich alle Ecken und Kanten ausgemerzt,
kommen die Leiber in den dritten Raum.
        Den Hängeraum,
nennen ihn die Fabrikfrauen,
denn nach getaner Arbeit schrauben
die arbeitenden Frauen
den bearbeiteten Frauen
am offenen Halsende
einen Haken in die Wirbelsäule

und an diesem Metallhaken
werden die Körper zum Trocknen aufgehängt,
dann gleicht der Hängeraum
einem übergroßen Kleiderschrank,
wie ein Zwischenlager
voller anatomisch korrekter Körper,
denen anstelle eines Kopfes
einfach eine Angel aus dem Hals ragt.
Daran baumeln die kleiderlosen Frauen und sind
genauso, wie sie sein sollen:
Ihre Haut haarlos,
die Finger- und Fußnägel weiß bemalt,
gewisse Körperstellen auffallend und ausgeprägt,
Schlüsselbeine, Hintern, Hüfte, Brüste und Vulva.
Die Dreidimensionalität reicht bis ins Innere,
bis in die Körperöffnungen hinein reicht das Korrekte,
weil die Innenwände ein ganz bestimmtes Muster
besitzen, ein spiralförmiges Gewebe,
das einen körnigen Kanal bildet,
elastisch, aber mit Widerständen.
Für die entsprechende, naturnahe Stimulation,
heißt es in der Beschreibung. Nur die Gebärmutter fehlt.
Ansonsten verspricht das Produkt eine ganze Tabelle
mit Adjektiven:
Geruchsfrei und ölfrei,
sauber und glatt,
ungiftig und sicher.
Und das wichtigste:
Lebensecht.
Und so hängen sie da,
wie geschlachtetes Vieh,

einfach in Umkehrung –
wie geschaffenes Vieh.
Wir haben uns ja mittlerweile daran gewöhnt,
meinen Angi und die anderen Frauen immer wieder.
Aber was würde ein Fremder sagen,
käme er in diesen Hängeraum,
der würde doch durchdrehen!
Solche Dinge sagen sie oft laut
und lachen noch lauter zusammen,
aber Halbschwester Ling kann ihre Aussagen nur
schlecht nachvollziehen,
wie die meisten Äußerungen, die zu Gelächter führen.
Die Körper hängen doch ganz ordnungsgemäß,
findet Ling nämlich, bis sie eines Tages verstand,
dass es nicht darum geht,
wie sie hängen,
sondern,
dass sie hängen –
trotzdem versteht sie die Sache immer noch nicht
richtig.
Von Anfang an kannte Ling keine Abscheu vor den
Leibern – im Gegenteil:
Sie bewundert ihre Klarheit und Konsequenz,
sie bewundert sie von Hals bis Fuß,
und das reicht Ling völlig aus,
alles andere kann ihr gestohlen bleiben,
denn alles andere bedeutet bloß Irritation –
und zum Glück entsteht die erst am Ende der Halle,
und zwar im Raum der Köpfe.

Die vierte Frau

Die Magnetkarte berührt die Stempeluhr,
als küsste sie das Gerät zum Abschied nur geschwind.
Es summt und die Karte verschwindet in der Tasche.
Ling faltet ihren Mundschutz einmal,
faltet die Schürze zweimal
und zieht später ihre persönlichen Sachen aus dem
Schrank.
Der Spind schließt mit einem Klacken,
so klingt der Feierabend,
und so endet ihr Arbeitstag beim Ausgang,
wo ihr der Wachmann zunickt.
Ling?
fragt er in ihren Rücken, und Ling ist erstaunt,
da sie ihren Namen sonst nur selten hört,
und aus seinem Mund hat sie ihn noch nie gehört.
Er sagt ihn mit Wärme, er dehnt den Vokal zu einer
Kostbarkeit, als könnte das dünne I sonst und bei zu
schnellem Sprechen zerbrechen.
Ling bleibt vor dem Häuschen stehen.
Der Wachmann schiebt eine Visitenkarte unter der
Scheibe durch, und Ling nimmt sie, weil sie weiß, dass
die Karte für sie gedacht ist.
Wenn du mal Hunger hast, dann, ich meine,
ich kenne ein gutes Restaurant, da könnten wir,

wenn du magst, wenn du überhaupt was essen
magst. Mit mir, meine ich,
erklärt der Wachmann umständlich, und sein Reden
zerfällt in ein Murmeln.
Ling betrachtet das raue Papier,
die Karte ist keine Restaurantkarte,
auf dem Rechteck steht Jon B.s Name,
darunter das Wort
Sicherheitsdienst,
und wieder darunter
eine Telefonnummer,
flankiert von zwei Symbolen:
ein Schlüssel und eine Taschenlampe.
Ich habe gerade keinen Hunger,
sagt Ling ehrlich und erklärt:
Und wenn ich abends Hunger habe,
esse ich Montag, Mittwoch und Freitag zu Hause.
Dienstag, Donnerstag, Samstag und Sonntag jeweils im »Midnight Jewel« an der Yang-Cai-Road,
immer um 19.10 Uhr.
Mit wenigen Abweichungen natürlich, je nach Busverbindung.
Die Treffen mit Großmutter Zea erwähnt sie nicht,
auch den Besuch im Tempel nicht, danach hat er
schließlich nicht gefragt.
Das Ungesagte ist keine Lüge,
hat Ling gelernt, also schweigt sie und hofft,
dass das Gespräch bald ein Ende findet.
Ihr Augenlid zuckt. Sie weiß um das Zerrinnen der Zeit,
der Tagesplan soll sich nicht noch mehr verschieben,
sie darf nicht stehen bleiben,

sie verlagert das Gewicht von Fuß zu Fuß,
sie will schon gehen,
als sich die Nebentür plötzlich öffnet.
Die vierte Frau erscheint und betritt den Flur wie eine Bühne.
Ihre Schritte entlocken dem Steinboden ein hartes Klacken, die Absätze schlagen auf
und Lings Blick hängt sich an ihnen fest,
steigt schließlich hoch,
über den Hintern
bis zum Hals
und zu den geknüpften Haaren,
die von hinten zwei Hörnern gleichen,
Drachenhörner – struppige Drehzöpfe.
Ungleich geknüpft,
stört sich Ling sofort,
denn im Nacken fallen
die Strähnen ganz aus der Ordnung,
suchen auf den Schultern nach Halt,
verlieren ihn bei jedem Schritt,
schwanken hin und her,
wehen wie Seegras in der Strömung,
während der gekippte Mantelkragen
das Bewegliche mit seinem Stoff zu rahmen versucht.
Trotzdem, ihr Gang ist weich,
flügelgleich – in jedem Fall elegant.
Wie groß sie ist?
Halbschwester Ling kann es nicht sehen,
die Frau bewegt sich unberechenbar,
wirft jetzt sogar einen Blick zurück
und macht dabei eine Drehung,

als wolle sie Lings Vermessungen ausweichen.
Ihr Zeigfinger gibt dem Wachmann ein Zeichen.
Er drückt den Öffner. Es summt.
Und die vierte Frau verlässt das Gebäude
ohne Ausgangskontrolle,
sie schwimmt geradezu davon
und mit ihr das Seegrashaar,
mit ihr der schwerelose Mantel,
der aus der Ferne gesehen wie ein Nebel ihre Schultern umschleicht.

Ein Wolkenmantel,

denkt Ling und weiß nicht, woher diese sonderbaren Worte kommen.
Die Bilder werden aufdringlich, sie schließt schnell die Augen.

Wieso muss ich sie anschauen?

denkt Ling und zählt hinter den Augenlidern im Dunkeln die Sekunden.

Drei, vier, fünf.

Und Klick.
Der Türmechanismus schnappt ins Schloss.

Klick?

staunt Halbschwester Ling und ihr Staunen ist mehr ein Unbehagen, das ihren Oberkörper sofort wippen lässt.

Fünf Sekunden?
Die Tür schloss in nur fünf Sekunden?
Fünf Sekunden sind unmöglich!

Hilfesuchend schaut sie sich in der Vorhalle um
und bleibt am leeren Gesicht des Wachmanns hängen.

Hat er denn nicht mitgezählt?
Das muss ihm doch aufgefallen sein,

und sie wiederholt laut Richtung Glasscheibe:
Nur fünf Sekunden!
Mit der Tür ist etwas nicht in Ordnung!
So sprudelt es aus Ling hervor.
Der Tonfall bringt den Wachmann aus der Fassung –
und in Bewegung,
er runzelt die Stirn, er tut einige Schritte, will seinen
Posten schon verlassen, um nach der Tür zu schauen,
entscheidet sich aber um, als zwei weitere Frauen aus
der Garderobe kommen. Also bleibt der Wachmann
in seiner Rolle gefangen und im Häuschen stehen.
Ling wartet, was passiert.
Gar nichts passiert,
erkennt Ling und zieht ihre Schlüsse.
Das heißt, diese Konversation ist zu Ende.
Die Visitenkarte verstaut sie in ihrer Tasche,
sie schickt dem Wachmann ein Nicken
und drückt ebenfalls gegen die Tür.
Eins, zwei, drei,
vier, fünf, sechs, sieben.
Und Klick.
Ling bleibt im Vorraum stehen.
Ihr Blick dringt durch das Drahtglas der Schnapptür.
Zwischen den winzigen Quadraten des eingelegten
Stahlgitters findet sie das Gesicht des Wachmanns.
Sie lächelt ihm zu. Aus Erleichterung.
Und Jon B., der auf seiner Seite längst gefunden hatte,
was er (seit Langem regelmäßig) suchte, tut es ihr gleich.
Auch er ist froh,
dass die Tür wieder in Ordnung ist,
glaubt Halbschwester Ling und verlässt das Gebäude.

Es ist 17.45 Uhr. Der Abend kündigt sich an, und der Himmel reagiert auf seine Weise. Von weit draußen wirkt das Stadtbild wie ein gekünsteltes Panorama: vorn der Fluss, die Hochhäuser und Hallen hinten, ganz oben die Wolken, und über all dem ein Schimmer Anthrazit.
Es sieht nach Regen aus, auf diesem Bildausschnitt, wie alles in und um diese Stadt seit Tagen nach Regen aussieht.

Und die Luft riecht nach Sperma,
registriert Ling mit sichtlicher Irritation,
sie weiß, dass der Geruch aus den blühenden Baumkronen kommt,
und doch erinnert er sie an das benutzte Bettlaken,
als ihr Gast damals am Morgen danach gegangen war,
doch Gastfreundschaft ist nicht ihre Stärke,
überhaupt scheint für Halbschwester Ling alles Zwischenmenschliche voller Widersprüche, voller Geheimzeichen, die sie auswendig lernen muss.
Den anderen Frauen ergeht es nicht so, insbesondere Großmutter Zea und den tausenden von Zweitfrauen, die diese Gastfreundschaft zu ihrem Beruf gemacht haben, denn schließlich zahlt bis heute ein ganzes Heer an Konkubinen ihre Wohnungen damit, in benutzten Bettlaken zu liegen.
Glaubt man den Zahlen, ist die Stadt von Halbschwester Ling voller Kanarienvögelchen, die sich gewisse Geschäftsmänner als zweite zwischenmenschliche Investition in der Handelsstadt halten.
Wenn die Vögelchen Glück haben, werden sie irgendwann vernachlässigt, aber nicht vergessen – und wenn

sie ganz viel Glück haben, stirbt der Vogelbesitzer und vererbt dem Haustierchen so viel, wie es für das Leben als freier Vogel dann braucht. Niemand sieht es den Frauen an, ob sie Kanarienvögel sind, ihr Äußeres gleicht dem Äußeren aller Töchter aus der Provinz, die Haare dunkel, die Wangen blass.
Eine Schläfrigkeit verlangsamt die Stadt seit Tagen, als triebe der Westwind ein lähmendes Opiat durch die Häuserschluchten, füllte Einkaufszentren, Markthallen und Kinos damit, als schliche die Müdigkeit in klimatisierte Räume und Restaurants, wo sie sich wie ein ungebetener Gast festsetzt.
Der Perlfluss schiebt seine braune Brühe gegen den Ozean.
Der Regen hat die Erde aufgeweicht und der sonst versiegelte Boden will gar nicht mehr aufhören, seine Gifte auszuschwitzen.
Aus Straßenrissen, aus jeder Fuge drückt der Schlamm, in dem sich Bläschen bilden, als eitere die Erde. Kunststoffteilchen, Zigarettenkippen, Papierfetzen und Glasscherben quellen an die Oberfläche, die Erdnarben brechen auf, Ungeziefer verlässt den Boden – Ratten, Frösche, Kakerlaken krabbeln aus Kellern und Tiefgaragen, fressen am Abfall, der durch das viele Wasser in Unordnung geraten ist.
Die Stadt versucht alles, um den Schmutz zu beseitigen, schickt ihre Reinigungskräfte in grünen, blauen, gelben Westen an die Wetterfronten – doch vergeblich.
Es stinkt. Und zwar überall.
Während Seuchen und Epidemien lauern.
Ling versteckt ihre Nase hinter dem Mundschutz.
Der Flughafen liegt jetzt vor ihr.

Der Kerosinnebel verhüllt den Gewaltbau,
dieses Monster aus Glas,
aus hellen Säulen und Mustern in Weiß.
Dahinter erscheint das rote Dach. Der alte Anbau wirkt mickrig, als würde er von dem modernen Koloss weggeschoben und unterdrückt wie ein zu schwächlich geratenes Kind.
Zwei Triebwerke donnern über die Pagode,
sie klingen laut,
sie fliegen tief,
so tief,
als könnten sie am Schnörkel des Turms hängen bleiben
und die Spitzdächer des Tempels mit sich zerren,
hinaus in eine Welt jenseits des Stadtnebels.
Die Scheiben der automatischen Eingangstür trennen sich nach links und rechts, ein Teppich führt durch den Flur, er ist feucht und schmatzt bei jedem Schritt.
Vor dem Gebetsraum streift Ling ihre Schuhe ab.
Seit Jahren trägt sie die gleichen Slipper, flache Schuhe ohne Verschluss und ohne Bänder, deren Enden sie doch nur immer wieder aufs Neue knüpfen würde, bis sie exakt die gleiche Länge hätten.

Die Zeremonie sollte in drei Minuten
und zwanzig Sekunden beginnen,

weiß Ling und normalerweise ist sie fünf Minuten vorher da, aber heute hat sich ihr Plan verschoben.
Das Windspiel am Portalbogen wippt,
ein Glöcklein erklingt und sein Schall schmilzt wie eine Schneeflocke.
Großmutter Zea kniet bereits an ihrem Platz.
Ihre beiden Gehstöcke liegen neben ihr

und vom Boden steigt dünner Rauch auf.
Der Altar besteht aus weißen Keramikplatten,
darauf zwei Blumensträuße, ein Bund Räucherstäbchen,
daneben drei Reisbehälter, die jemand als Opfergaben
bereitgestellt hat.

Du gute Großmutter Zea,

grüßt Ling leise, obwohl Zea nicht ihre richtige Großmutter ist
und Ling sich über Jahre geweigert hatte, diese falsche
Bezeichnung zu verwenden.

Ling, Namen verlieren ihre tatsächliche Bedeutung
und dienen allein dazu, sich in der Welt zurechtzufinden,

hatte ihr Zea beigebracht und dieses Argument überzeugte Ling.

Du gute Ling,

grüßt Zea zurück und weist auf das Kissen neben ihr.

Wie war es bei der Arbeit?

fragt sie.

Fast wie immer,

antwortet Ling.

Fast?

Und Halbschwester Ling listet auf:

Drei Dinge waren heute anders.
Erstens: Der Wachmann hat mir seine Visitenkarte gegeben
und gesagt, er kenne ein Restaurant,
wo ich abends essen könne – mit ihm.
Zweitens: Es gibt eine neue, auffällige Frau,
die keine Ein- und Ausgangskontrollen machen muss.

Und drittens: Die Fabriktür hat nur fünf Sekunden gebraucht, um zu schließen.

Das ist unmöglich, Zea. Fünf!

Ihr Mund schnappt nach Luft, als könne sie dadurch die fehlenden zwei Sekunden ergänzen. Zea nickt, zieht ihren Seidenkittel zurecht und geht bald ihren Gedanken nach, stolpert durch ihren Kopf, unsicher murmelnd, als führte das Denken sie einmal mehr in die Irre:

Diese Ausnahmen überraschen mich wenig,
Ling, es ist dieser Westwind,
der endlose Regen und die Farbe des Himmels.
Etwas ist im Anmarsch, etwas Ungeheuerliches.
Der Kosmos trägt etwas in sich, er drängt,
und wie er drängt, Ling –
er hofft auf einen Auslöser ...

Ich verstehe nicht, was du sagst,

sagt Ling ehrlich und wartet auf weitere Erklärungen, die sie vermutlich auch nicht verstehen würde, da selbst Zea ihre Ausführungen wohl nicht richtig verstand – was sie aber wiederum nicht davon abhielt, mit einem Schwall weiterzumachen:

Die Welt und alle Wesen sind einem dynamischen Ablauf unterworfen, Ernährung, Schwächung, Kontrolle, Schädigung;
und wir haben dem Wandel nachzuhelfen, mir fehlt nur noch das letzte Stück für den rituellen Anstoß, Ling, es ist Zeit.
Die Machtverhältnisse, welche die Schöpfung formen, haben sich abzuwechseln,
so lautet das Gesetz der drei Himmel,
nach denen sich alle Wesen, Frau, Mann,

Mensch, Pflanze, Tier und alle Geisterwesen
zwischen Himmel, Erde und Wasser zu richten
haben. Das gilt auch für den hässlichen Gui, den
trickreichen Dämon, der unsere Muttergöttinnen
mit seinen üblen Kreistänzen und einer ganzen
Reihe von ungehorsamen Schöpfungen ärgerte –
so hat er närrische Lehmwesen aus Dreck geformt, und damit diese nicht austrocknen, ließ er
sie den schlafenden Bauern in Mund und Nase
kriechen. Selbst das Scheusal Gui besitzt seinen
Einfluss nur für eine beschränkte Zeit ...

Ling versteht noch immer kein Wort.
Sie will, dass Zea endlich schweigt und mit dem Ritual
beginnt, schon drei Minuten sind sie in Verzug –
doch dann:

Was ist das?!

Und ein Staunen weitet Zeas Augen.
Der Boden vibriert.
Ein Flugzeug donnert über ihre Köpfe,
doch Zeas Sinne sind ganz auf Lings Hemd gerichtet,
wo auf ihrer Schulter ein hautfarbener Fetzen liegt,
ein Stück Silikon aus der Fabrik.
Ling muss es übersehen haben, als sie in der Garderobe
vor dem Spiegel stand. Zea greift danach und mustert
den Kunststoff wie ein Juwel im Gegenlicht.
Das Zischen der Triebwerke wird leiser.
Die Frauen schweigen.

Ling, was im Namen aller drei Himmel ist das?

fragt Zea schließlich
und scheint von einer Ahnung ganz verwandelt.

Medizinisches Silikon.

Ein thermoplastisches Elastomer,
antwortet Halbschwester Ling und weiß, dass ihre Antwort korrekt ist,
doch Großmutter Zea ist damit nicht zufrieden.
Nein, Ling,
sagt sie und hält das Fundstück weiter wie eine Trophäe ins Tempellicht.
Ein diebisches Lächeln wandert über ihre Lippen.
Nein, Ling, das ist es!

Eine andere Aufgabe

Das ist es.
Das ist was?
wiederholt Ling am nächsten Tag unaufhörlich,
als sie den Frauen einige Hautfetzen wegbrennt.
Es ist erst Morgen und es ist schon der dritte Körper,
und wieder sind die Innenseiten des Oberschenkels
voller Silikonreste.
Die Männer aus der Werkstatt eins arbeiten ungenau,
sie haben beim Verschrauben der Gussformen mehrere
Lücken übersehen.
Ohne Eile streicht Ling über die leblose Wade vor ihr,
kein Zucken, keine Kontraktion, keine Erektion der
Haarfollikel – nichts.
Ling mag es, dass die Wesen nicht reagieren,
ihr Verhalten ist konsequent, ihr Verhalten ist nie falsch.
Ling zieht den Frauenkörper näher heran.
Der Rumpf ist kühl, die Temperaturfunktion wird ihn
erst später auf die vorgegebenen siebenunddreißig Grad
Celsius aufheizen, später, wenn sie bei den Kunden sind,
wenn sie bei den Käufern wohnen.
Ein Unterleib liegt jetzt offen vor ihr.
Sie fasst zur Kontrolle zuerst in den Anus, sucht mit
dem Finger nach Gussrückständen, dann misst sie die
Länge der Öffnung mit dem Kontrollstock –

sechzehn Zentimeter, korrekt.
Sie dreht das Objekt um, greift in die Vagina, wieder zuerst mit dem Finger, dann mit dem Kontrollstock – achtzehn Zentimeter, korrekt.
Jedes Exemplar muss den Vorgaben entsprechen.
Ling schiebt die starren Beine von sich weg,
dreht das Geschöpf um den eigenen Nabel,
sie tastet weiter,
sie tut ihre Arbeit.
Die künstliche Haut der Wesen glänzt, noch fehlt ihnen die Schattierung, die Nuancen des Menschlichen, die das Gesamtprodukt zu einer lebensechten Erfahrung machen.
Mit den Fingerkuppen streicht Ling über die Schultern, den Halsansatz, findet einen Silikonfetzen
und zupft daran.
Sie hält das Fundstück ins Deckenlicht.

Das ist es.
Das ist was?

stochert es in Lings Kopf weiter.
Sie greift zum Brennstab.

Warum wollte Großmutter Zea das Silikon behalten?
Sie muss komplett verrückt geworden sein.

Der Brennstab gerät zu nah an den Kunststoffnacken, ein weißes Räuchlein entsteht und darunter erscheint eine winzige Delle.
Lings Hand schnellt zurück – zu spät.
Der Hals bleibt markiert.
Aus Versehen hat sie den Körper zu etwas Besonderem entstellt, hat ihn seiner Ununterscheidbarkeit beraubt.
Jeder Makel ärgert Ling.

Sie macht nie Produktionsfehler, sie merzt sie aus.
Ich muss das Missgeschick melden,
weiß Ling und hört,
wie im Hintergrund die Tür zur Werkstatt aufgestoßen wird.
Die dicken Plastikflügel flappen zur Seite, das Scharnier schreit.
Eins, zwei, drei,
zählt Ling wie automatisiert und wird dabei unterbrochen.
Frau Ling Olem?!
sagt schließlich eine Stimme und auch diese Stimme reicht nicht weit,
auch sie ist in einem Raumkasten eingeschlossen,
schwebt durch die Werkhalle
über die nackten Körper hinweg und
an den angezogenen Körpern vorbei.
Ja?
Ling dreht sich um.
Und mit ihr alle anderen Arbeiterinnen,
die im Gegensatz zu Ling jede Unterbrechung des Alltags dankbar annehmen.
An der Tür steht der Geschäftsleiter.
Er reckt den Kopf auf der Suche nach der Gesuchten.
Etwas Unförmiges verzerrt seine Erscheinung. Mister Capec wirkt kleiner, weil sein Anzug größer wirkt, die Krawatte hängt schief, die Ärmel sind ungleich lang.
Er steht sich selbst im Licht.
Ling Olem, in zehn Minuten in meinem Büro,
sagt Mister Capec.
Das war keine Frage.
Das war ein Befehl,

weiß Ling und weiß das aufgrund der Tonlage am Satzende.
Ling nickt zur Bestätigung und drückt den Zähler ihrer Uhr.
Exakt zehn Minuten und null Sekunden später meldet sich die Uhr mit einem elektronischen Piepsen –
und Ling klopft an die Tür.
Ihre Fingerknöchel berühren das Sperrholz
ein-
zwei-
dreimal
direkt unter der Kunststofftafel mit der Aufschrift:

Walt Capec jun.
CEO
AI-Doll-Technology Co. Ltd

Ling zählt ihr Warten.
Eins, zwei, drei –
Herein!
antwortet eine Stimme.
Ling drückt das Metall, die Klinke gibt nach. Und der Türrahmen eröffnet ihr ein neues Bild:
Die Szene darin zeigt sich in Braun und Grün,
und in ihrer Mitte lauert
der Schatten des Geschäftsführers.
Capec sitzt an seinem Schreibtisch, er telefoniert,
also bleibt Ling an der Tür stehen und drückt sich an den Rand der Szene, um nicht ins Zentrum zu fallen.
Capec hingegen mustert die Besucherin mit einer Beiläufigkeit, als sei sie bloß ein Gegenstand, der in

seinem Büro zwischengelagert wird.
Ling verschränkt die Hände hinter ihrem Rücken
und demonstriert ihr Warten.
Sie zählt die Fenster des Raumes,
dann die Fensterkanten,
die Leuchtröhren der Deckenlampen,
die Lamellen der Abdeckgitter,
dann die Bücher,
die Ordner im Regal,
die Unterlagen auf dem Schreibtisch,
die Kugelschreiber,
die Büroklammern.

Zweiundzwanzig,
dreiundzwanzig,
vierundzwanzig Sekunden

lässt Capec sie warten,
sein Drehstuhl geht hin und her,
sein Kreiselkopf spricht gegen ein kleines Mikrofon,
das am Kabel der Kopfhörer angebracht ist,
und von Weitem sieht es aus, als spräche er mit seinem
Fingernagel:

Ja, ja doch, die Kisten wurden vor vier Tagen am
Yantian International verschifft, ja doch, zwei Con-
tainer, Frachtnummer: 5437-2, 5437-2, das steht
in der E-Mail, ja doch, ja, die müssen längst vor
Okinawa sein, oder wo weiß ich, ja, wie immer,
ohne Logo, diese Hardcase-Dinger eben, schwarz-
silbern, aber ja doch, ohne Etikett, Diskretion,
die Kunden, was denken Sie denn?
Die Mädchen sind unterwegs, sicher doch, ich
hab den Container ja selber gesehen, die sind auf

dem Weg, und zwar über hundert Stück, neu, sauber, ganz frisch, ja, die Frachtnummer steht in der E-Mail, hab ich doch gesagt, die Zollbehörde macht das schließlich nicht zum ersten Mal, ja also, die sind bestimmt unterwegs, wo sollten sie sonst sein? Also gut, bis dann, bis dann, mein Guter, tschau, tschau.

Capec verstummt.
Mit dem Kugelschreiber notiert er etwas auf Papier, die Tischlampe beleuchtet das Gekritzel. Und erst jetzt erinnert er sich wieder an die wartende Frau.

Himmel, was stehen Sie denn so starr da?

beginnt er.

Also gut, Ling Olem, sie werden kurzzeitig versetzt, ja doch,
das geht, und diese Angi übernimmt unterdessen ihre Mädchen.

Ling wartet ab, wie sie immer abwartet,
wenn sie etwas noch nicht ganz verstanden hat.
Also ergänzt Capec mit einem Seufzen:

Miss N. Augustian ist aus London angereist.
Für die Prototypen der kommenden Generation,
es geht um die neuen Sprach- und Verhaltensprogramme, Interaktion, ähm,
Charakterkonfigurierung, ja doch,
was weiß ich, all diese Algorithmen –

Capec unterbricht sich mit einem Gähnen und wedelt mit der Hand, als könne er dadurch Lings lästige Warterei wegwischen.

Das ganze Zeug unter der Schädeldecke eben!

meint er mit einem Lachen und gefällt sich dabei sehr.

Aber Ling lacht nicht, sie schnappt nach Luft.
Ja doch, ich weiß, ich weiß,
Sie werden ungern aus ihrem Alltag gerissen,
Ling, und ja, Ihr Punktestand ist beachtlich,
eigentlich tadellos.
Und Sie verstehen sich doch gut auf Zahlen,
außerdem sind Sie genau,
genauer als alle anderen hier, und Miss N. Augustian braucht nun mal eine Assistentin, also,
Sie kriegen auch eine kleine Lohnerhöhung,
und die zusätzlichen Leistungspunkte sowieso,
und im Arbeitersilo wollen Sie ja nicht wohnen,
oder? Also los.
Ling wartet weiter ab, wie Sie immer abwartet,
wenn sie etwas noch nicht ganz verstehen will.
Gehen Sie schon!
schiebt Capec unmissverständlich nach
und scheucht Halbschwester Ling aus seinem Büro.
Na los, ab in den Raum mit den Köpfen!

Im Raum mit den Köpfen

Ling hat schon verstanden, was sie zu tun hat,
aber Ling will nicht tun, was sie verstanden hat.
Mit Zögerschritten geht sie durch den Hängeraum,
acht Frauen hängen gerade zum Trocknen an einer Querstange.
Wie Geisterwesen schweben sie unter einem durchsichtigen Plastiküberzug, damit sie keinen Staub ansetzen,
damit sie rein bleiben.
Lings Vorübergehen lässt die Gespenster baumeln, ihre schmalen Füße schwanken dicht über dem Boden, die Zehenspitzen hängen nur wenige Zentimeter über dem Beton;
noch sind sie ohne Besitzer,
noch sind sie frei,
wippen hin und her,
schwerelos, kopflos,
als feierte ihr Fleisch diese Freiheit,
oder als tanzten sie heimlich
zu einer entfernten Melodie,
die niemand hört, nicht mal ihre Geisterhüllen,
weil die Musik an einem anderen Ort spielt,
dort erklingt, wo ihre Ohren lagern,
dort, wo alles gesteuert wird,

und zwar: im Raum mit den Köpfen.
Vielleicht hat sich Capec geirrt,
vielleicht bin ich gar nicht die Richtige für diese
Aufgabe.
Denkt Ling ihrerseits – andererseits:
Ich bin tatsächlich gut mit Zahlen, das ist
korrekt.
Und ich bin genauer als alle anderen.
Die Tatsachen fallen der Halbschwester in den Rücken,
dabei würde ihr die Arbeit mit den Kopflosen völlig
reichen, es würde ihr genügen,
jede einzelne nach Ritual zu begrüßen,
sie zu untersuchen, sie makellos zu machen,
um wenigstens ein paar
eindeutige,
einheitliche
Körper
in die Welt zu entlassen.
»Hallo, mein Name ist Harmony.«
sagt eine kindliche Stimme hinter jener Tür,
vor der Ling die Zeit verzögert.
Du schimmelndes Ei!
Diese verwandte Stimme. Genau wie im Film,
schimpft Ling und reißt sich zusammen.
Es sind sowieso alles bloß
Zahlen und Zeichen,
Atome und Ketten.
Alles nur gespielt.
Sie macht ihre Hand klopfbereit,
doch als es so weit ist, flieht das Holz vor Lings Knöcheln.
Die Tür springt auf und vor ihr steht die vierte Frau,

deren Mund sofort in Bewegung gerät,
indem die Winkel sich nach oben schieben.
Sie lächelt,
weiß Ling und macht einen Schritt rückwärts,
obwohl die Geste ihres Gegenübers zum Gegenteil auffordert.
Oh gut, ich habe auf Sie gewartet,
Ling Olem, nicht wahr?
sagt die vierte Frau, dabei klingt ihre Stimme weder hoch noch tief,
sondern genau so, wie eine Stimme zu klingen hat,
wenn sie unauffällig bleiben will.
Mit einer ähnlichen Bescheidenheit nickt die Frau zum Gruß und macht den Weg frei.
Wieder wackeln die geknüpften Haarknoten,
und die Flughaare wehen ohne Halt,
als drängten dünne Würmer
neugierig in alle Richtungen.
Ich bin N. Augustian, aber nennen Sie mich doch bitte Nian.
Das machen sowieso fast alle.
Und ich werde Sie Ling nennen, wenn das geht.
Sie schweigt.
Der Nebensatz war als Frage gedacht
und verlangt eine Rückbestätigung,
erkennt Ling, nickt umgehend
und betritt den neuen Raum,
der sich ihr wie ein Panoptikum öffnet:
Die Wände sind raumhohe Regale.
Auf den Ablagen stehen ganze Reihen von Styroporbüsten, weiße Hälse,

auf denen etliche Köpfe stecken –
alte Modelle aus Hartplastik,
neue Rohversionen, Testversionen,
einige noch ohne Hautüberzug,
aber bereits mit Gesichtsmotorik,
dynamisch und komplex,
und schließlich die fertigen Köpfe –
mit Hautbedeckung, mit allem.
Und die neue Generation zeigt eine Gemeinsamkeit,
denn die neue Generation hat ein Vorbild:
Fanny Lee,
erkennt Ling.
Eine ganze Werkstatt voller Fanny Lees.
Die Schädel starren wie Tapetenmuster von den Wänden,
dabei verdoppelt jeder Kopf die Anzahl an Augen,
die milchigen Glasäpfel glotzen aus der Reihe,
Pupille neben Pupille,
Iris neben Iris,
während ihr Kryolith das Licht bricht.
Simulationsaugen,
weiß Ling und weicht den toten Pupillen aus.
Sie verabscheut diese eingekugelten Mikrokosmen,
denn etwas Unberechenbares glänzt auf ihrer Oberfläche, und es würde sie nicht erstaunen,
begänne die Armee aus Augen plötzlich zu weinen
und flutete das Zimmer mit ihren kollektiven Tränen.
Ling dreht ihren Kopf von den Köpfen weg,
und erst jetzt entdeckt sie die Hauptsache im Raum:
In der Werkstattmitte sitzt eine Frau, aufrecht,
in Bereitschaft, als posiere sie für ein Familienporträt.

Ihre Schädeldecke fehlt. Die Öffnung am Hinterkopf
ermöglicht den Einblick in einen weiteren,
noch kleineren Raum,
einen Schädelraum,
aus dem verschiedene Kabel führen,
dünne Drähte entfliehen dem Gehirn,
fallen wie Medusas Schlangen über die Frauenschultern
und schleichen zu einem Metalltisch,
wo sie mit einem Rechner verbunden sind.
Der Rest der Erscheinung ist Ling vertraut:
Die steifen Gelenke, die gewölbten Formen,
alles gleicht den gegossenen Wesen aus Werkstatt zwei.
Doch diese Frau trägt bereits Kleidung.
Jeans, ein schlichtes T-Shirt,
während ihre Arme, Hände und Füße hautfarben
herausragen.

Ich wollte sie nicht nackt vor mir sitzen haben,

erklärt Nian, die Lings Blick bemerkt hat.

Also habe ich ihr was zum Anziehen
mitgebracht.
Bitte setzen Sie sich, Ling.

Nian weist auf einen Drehstuhl,
Halbschwester Ling gehorcht und nimmt Platz.

»Hallo, ich bin Harmony.«

Die Maschine spricht, der Kabelkopf dreht sich,
und feine Lippenbewegungen erwecken das Gesicht
zum Leben,
sie formen das Gesagte, während die Lider mechanisch
über die Glasaugen schlagen.

Hallo Harmony, wir haben einen Gast.
Das ist Ling,

sagt Nian, und wieder zieht der Maschinenmensch die Mundwinkel hoch,
diesmal begleitet von einem Zwinkern in Lings Richtung.
»Hallo Ling, sei unser Gast.
Ich freue mich, dass du da bist.«
Ling schweigt.
Ich habe darauf keine Antwort zu geben,
weiß Ling, also sitzt sie einfach da
und wartet auf Weiteres,
während
das andere Wesen in der Raummitte
wie verschwistert dasitzt
und auf Anweisungen wartet.
Nian runzelt die Stirn über das gespiegelte Bild vor ihr.
Hm,
staunt Nian, worauf Harmony den Kopf ruckartig schief legt.
»Ist alles in Ordnung, Nian?
Kann ich dir helfen?«
Alles in Ordnung,
antwortet Nian umgehend und tut dies in einem Tonfall, als sei sie froh, von ihrer Grübelei befreit zu werden.
Sei bitte eine Weile still, Harmony,
sagt Nian.
»Okay.«
sagt Harmony, ihr Kopf rastet ein, kippt zurück in die Ausgangsposition, und wie von Schlaf befallen ruhen die Lider auf dem Augenpaar.
Jetzt schiebt Nian eine Tastatur vor die Hände der Halbschwester und zeigt auf den Bildschirm.

Es geht darum, die sprachliche Interaktion zu verbessern,
sie zu prüfen und zu erweitern,
mehr Verbindungen bedeuten mehr Variation.
Zu vorhersehbare Abläufe sind endgültig vorbei,

erklärt Nian und fährt fort:

Wir streben nach einer gewissen Willkür,
auch wenn diese Willkür gemäß Logarithmus natürlich wieder berechenbar ist, für uns.
Am Anfang zumindest.
Wir verleihen ihnen das Grundmuster aus endlosen neuen Möglichkeiten. Das heißt Verhaltensweisen, Sprachmuster, Semantik, Reaktion auf Befehle, initiierende Aktionen ...

Nian schmunzelt.

Wünsche. Eigensinn,

ergänzt sie vorsichtig, als erwarte sie eine Reaktion auf diese Begriffe.
Doch Ling bleibt still.

Nun, Ling, Ihre Aufgabe ist es, die Dokumentation zu überwachen.
Welche Sätze folgen auf welche Sätze,
welche Kombinationen sind möglich?
Kurz: Wie entwickelt sich das neuronale Netz?
Wie reagiert Harmony und warum?
Und vor allem, wann geschieht Unerwartetes?
Wir kreieren den grundlegenden Teppich aus Sprachverbindungen – mehrschichtig, flexibel.
Oder anders gesagt:
Wir unterrichten und sie lernt.
Bis sie uns nicht mehr braucht.

Ling versteht, und als wollte Nian keine Zeit mehr verlieren, klatscht sie in die Hände.
Ein sanftes Surren erwacht.

Na dann los. Harmony?

Die Frau öffnet die Augen und sagt:

»Ist gut, ich habe alles mitgehört.«

Ein Frühsymptom

Der Imbiss ist leer, das ist er immer um diese Zeit.
Auf dem Glastresen schwenkt der Ventilator
nach links, nach rechts,
und wiederholt sein Tun wie ein langsames Kopfschütteln.
Daneben stehen kleine Plastikzylinder, Quetschflaschen
mit dünnen Kanülen, worin die Saucen nach Farbe
variieren: Senfgelb, Ketchuprot, Smokeybraun,
Currygelb, Chilirot.
Die Wände vom Schnellimbiss sind ein Raster aus kalten
Kacheln.
Irgendwo steht ein Cola-Kühlschrank, sein fahles Licht
umgibt die sortierten Dosen, da sind Bier, Softdrinks,
Kokosmilch und aus irgendeinem Grund Ananasscheiben
in Konserven.
Der Kühlkompressor surrt, die Türglocke klingelt
und der Imbissmann grüßt Halbschwester Ling mit
seinem lauten:

Hallo-hallo!!

Während der Eiskasten seine Würfel in ein unsichtbares
Fach schleudert.
Ling bestellt, obwohl sie sowieso immer das Gleiche
nimmt, das »Midnight Jewel Special«.

Weil es das perfekte Menu ist,

findet Ling und meint damit

die perfekte Menge an Gemüse und Reisnudeln
in einer perfekt gewürzten Suppe
im perfekten Teller
mit der perfekten Farbe.
Der Fernseher in der Ecke spielt Videoclips, und wie die Fanny-Lee-Filme kennt Ling auch die Musikclips auswendig:
Da quaken Frösche, Grillen machen ihr Grillengeräusch,
es rollen Autoreifen auf Kies, die Schaltung knackt
und es folgt ein Dialog zwischen zwei Teenagern in 80er-Jahre-Kleidung.
Über ihren Köpfen gibt eine Wolke den Vollmond frei,
ein Knurren ist zu hören –
Augen werden gelb, Zähne werden zu Beißern
und aus den jungen Händen wachsen Krallen, ein Wolfsheulen, ein Frauenschrei – dann Schnitt:
alles bloß ein Film im Film.
Und zwei Besucher verlassen überstürzt das Kino.
Die Leuchtreklame am Gebäude blinkt und verrät den Filmtitel, der auch der Liedtitel ist.
Und erst jetzt setzt Musik ein.
Ein Klacken in der Realität verrät,
dass der Imbissmann das Menü gebracht hat.
Ling dankt ihm wie immer,
während im Videoclip Nebel aufkommt,
er klebt auf dem Friedhofboden
zwischen den Grabsteinen,
wo sich die Erde wölbt,
der Boden bricht auf,
und verweste Hände schieben
eine Grabplatte zur Seite.

Mit Knistern und Schleifen,
mit Grunzen und Gurgeln
entsteigen
die Untoten ihren Gräbern,
marschieren durch Straßen,
ihre Kleider hängen in Fetzen,
und eine tiefe Stimme verkündet,
Finsternis beherrsche das Land
und die Kreaturen suchten nach Blut,
und die Suchenden wandeln weiter,
stolpern der Kamera entgegen,
bis ihre Schritte ins Rhythmische wechseln.
Die Zombies klatschen in die Hände,
wackeln mit den Schultern,
ziehen ihre Füße über den Boden,
dass es schleift, dass es knirscht.
Das Synchrone lässt Lings Herz höherschlagen,
doch ihre Freude wird vom Imbissmann unterbrochen.
Er imitiert die Tänzer und gluckert auf seinem Weg
zurück zum Tresen, er versucht ein gruseliges Geräusch
und schüttelt seinen dicken Kopf.
Der Imbissmann kennt Lings Eigenart, und trotzdem
probiert er seine Scherze an ihr aus, lässt Sprüche
fallen, kaum betritt sie sein Lokal.
Und sobald er seinen Witz herausgeschleudert hat,
schlägt er sich mit der flachen Hand auf das Hosenbein,
dann auf die Schulter seiner Frau,
die hinter dem Tresen sitzt, beschäftigt ist,
aber jetzt die Augen verdreht.
Manchmal stupst er die Frau auch mit einem Essstäbchen
in die Seite und macht Kommentare über ihre fleischigen

Formen und dass er das Ganze gerne gegen ein Modell aus Lings Fabrik eintauschen würde, eine Version, die nicht altere und vor allem nicht rummeckere.
Der Imbissmann weiß, wo Halbschwester Ling arbeitet, er weiß es, weil er sie mal beiläufig danach gefragt hat, also hat ihm Ling geantwortet
und der Imbissmann hat große Augen gemacht.
Ling, diese Sätze sind sehr unanständig,
hatte ihr Großmutter Zea mit einem Flüstern erklärt, als Ling ihr davon erzählte.
Ling verstand das Unanständige daran nicht ganz.
Was der Imbissmann sagte, war immerhin die Wahrheit.
Die Produktzettel versprachen genau jene Dinge,
die er unter Grölen gerne wiederholte
und dabei diese seltsame mechanische Hüftbewegung machte.
Und jetzt imitiert er eben die Untoten.
Und Ling mag nicht, was er tut.
Es zischt.
In der Küche wird Fleisch gebraten,
kleine Wölklein ziehen an der Pinnwand vorbei,
an der die Bestellzettel hängen.
Ling sitzt am Fenster,
sie lässt die Schüssel fünf Minuten abkühlen,
bevor sie die Hühnerbrühe probiert.
Das Gericht dampft ihr ins Gesicht,
überhaupt dampft gerade alles,
das Lokal dampft, die Stadt dampft, vielleicht sogar die ganze Welt.
Vor dem Fenster fahren Autos und Lastwagen vorbei,
die Reifen erzeugen ein zähes Rauschen.

Das Profil saugt Schlamm an und schleudert ihn gleich wieder weg.
Der Dreck ist hartnäckiger geworden.
Die Regenbrühe wächst
und will und will und will
nicht verschwinden.
Das Wasser ist überall,
hatte auch die Großmutter vorher im Gebetsraum gemurmelt:
Es sickert und steigt und fließt,
es ist mächtig, es umfließt den Globus,
es quillt und sucht nach einer Saat, die es tränken kann.
Aber Ling hatte es endgültig satt, nichts zu verstehen, also war sie kurzerhand und ohne Abschiedsgruß aufgebrochen, sobald die Großmutter das Opferritual beendet hatte.
Denn diesmal war sie zu weit gegangen,
diesmal hatte sie den Vorgang abgeändert,
dabei gibt es klare Vorgaben:
Holzrinde, Baumblätter, ein Papier,
alles kurz entflammen, dann mit Sand löschen.
Stattdessen war Großmutter Zea heute mit ihren zwei Stöcken umständlich zur größeren Feuerschüssel geschlurft, hatte Trockenrinde und Fliederblätter hineingeworfen.
Vom Götterbaum!
hatte sie voller Verheißung gerufen, dabei wusste Ling:
Eigentlich eine Bitteresche, ein Seifenbaum.
Also hatte Zea die Beigaben in die Schüssel gelegt,
dann den beschrifteten Zettel entflammt,

ihn vorsichtig hineingeschnippt und zum Schluss aber
aus irgendeinem Großmuttergrund
den dummen Silikonfetzen von Lings Schulter
mit in die Flammen geworfen.
Gelblich, fast weiß stieg das Räuchlein zur Decke des Gebetsraums,
und dort dem Donnern der Flugzeuge entgegen.
Zea schwenkte die Schüssel unablässig umher,
humpelte mit einem Krückstock durch den Raum,
als gelte es, damit unsichtbare Wesen zu beeindrucken,
Vorwesen aus der Vergangenheit,
Nachwesen aus der Zukunft,
und endete schließlich mit dem Rauchgefäß direkt unter Lings Kinn.
Ein öliges Parfüm kroch in ihre Nasenhöhlen,
der Biss von chemischen Dämpfen krallte sich fest,
lästige Feinpartikel,
die immer noch an den Schleimhäuten
kleben und kitzeln
und selbst die salzige Suppe kann das Jucken nicht vertreiben.

Oder es sind die Frühsymptome einer bösen Grippe,

analysiert Ling und betrachtet alles Ungesunde vor dem Fenster.
Der Stadtnebel schluckt die Neonlichter und hinterlässt einmal mehr ein schmieriges Orange, sogar der Mond ist ein ungenauer Punkt.
Das weinende Gesicht zwischen seinen Kratern ist unsichtbar.
Die Wolken sind zu mächtig.

Die Luft ist dick wie Blut und es stinkt nach Metall, so sehr, dass die Geschäfte mittlerweile ihre Türen hinter den Kunden sofort schließen, manchmal die Ritzen mit nassen Lumpen und Tüchern ausstopfen, die Fugen abdichten, um dieses Terrarium wenigstens einigermaßen rein zu halten, solange der kranke Spuk eben dauerte, doch diesmal dauert er länger, viel länger als je zuvor, diesmal flutet der tropische Regen alles mit heilloser Hartnäckigkeit und der hohe Metallgehalt färbt das ganze Unheil rot, als bluteten die Straßen tatsächlich.
Nach dem Ungeziefer kommt jetzt die zweite Welle,
Abfallsäcke werden vom Wasser aufgerissen,
Windeln und Binden schwimmen vorbei,
Essensreste, Knochen, Hühnerskelette,
Schlachtabfälle strömen durch die Quartiere,
und alles sonst Geordnete und Verborgene
gerät gänzlich in Unordnung und wird sichtbar.
Um dem Übel nicht länger als nötig ausgesetzt zu sein,
hetzt Ling auf dem Rückweg durch das Gedränge
in Gassen und Straßen,
bedeckt ihr Gesicht mit dem Mundschutz,
doch der Ekel verschwindet erst,
als die Halbschwester ihn beim Duschen von der Haut
spült, ihn mit einer Kette von Ritualen vertreibt.
Der Kamm teilt das Haar in parallele Strähnen,
zwei Tropfen Gesichtscreme werden
mit zehn Kreisbewegungen verteilt,
zwölf Zentimeter Zahnseide reinigen
zuerst die obere Zahnreihe,
von links nach rechts,
dann die untere Zahnreihe,

von rechts nach links,
und erst dann ist es Zeit für das Sofa,
für den Schluss von »Paradise Express«.
Ling öffnet den Bildschirm und der Filmkuss springt zurück ins Licht.

Tony, du Halunke,
du solltest mir doch nicht zum Hafen folgen!

knüpft Ling in Gedanken an, während ihr Finger auf der Playtaste liegt.
Fanny Lees Gesicht wartet.

Ich musste dich noch einmal sehen,
um dich zu erinnern,
was ich dir damals als kleiner Junge gesagt habe:
Wenn du mit »Paradise Express« fährst,
steig in den zweiten Wagen, in den, der aussieht wie ein Baumstamm,
vorn ist alles zu schnell
und hinten siehst du zu wenig.
Versprich es mir, den zweiten Wagen.
Und lass den Sitz neben dir frei. Für mich.
Wer weiß ...

Ling spricht Tonys Text laut.
Doch die Silben verschwinden,
verblassen ungehört in der Wohnung,
wo nur ihr wortloser Atem zurückbleibt.

Etwas stört.

Ling schaut sich um, die Einrichtung ist unverändert,
die Möbel, der Tisch, das Sofa, die Kochecke, die Schuhe am Eingang,
alles scheint korrekt, außer:
Der Kleiderschrank.

Er sieht aus wie immer –
und sieht doch nicht aus wie immer.
          Vielleicht ist heute der Tag?
wägt Ling ab und entscheidet,
weil sie es so entscheiden will:
          Heute ist der Tag.
Sie steht auf,
geht die vier Schritte durchs Zimmer,
bis sie vor dem Kleiderschrank steht.
Sie dreht den Knauf, sie zieht,
die Tür schwenkt zur Seite
und der Raum wird
um eine Schrankgröße größer.
Da hängt es:
Das Modell ist achtundzwanzig Tage alt.
Die letzte Generation,
Hautfarbe: Mischtyp.
Ling greift dem Wesen unter die Arme, um es anzuheben,
löst dabei
den Haken von der Stange
und befreit
die Eingeschlossene aus dem Kasten.
Aufgeregt zieht sie die Frau
ins
Zimmer
und
durchs
Zimmer,
die Fersen schleifen
über das Laminat
bis zum Sofa,

wo die Nackte schließlich aufs Kissen kippt.
Ling drückt die starren Beine zurecht,
winkelt die Knie in Sitzposition,
stellt das Rückgrat aufrecht,
winkelt Ellbogen,
winkelt Hände,
legt
Arme
auf
Oberschenkel,
Hände
auf
Knie.
Jetzt sitzt sie.
Jetzt ist sie,
was sie sein soll.
Eine Frau,
denkt Ling.
Meine Frau,
ergänzt Ling zögernd und mag diesen Gedanken überhaupt nicht.
Sie ist einfach meine Puppe,
entscheidet Ling und rechtfertigt sich gegenüber ihrer eigenen Skepsis:
Jedes Mädchen hat Puppen,
in Filmen, in Büchern, in Werbespots. Überall.
Sie ist nichts anderes,
einfach größer – einfach so groß wie ich.
Halbschwestergroß.
Ling mustert ihren Gast.
Am Halsstumpf ragt der Haken heraus,

er stört nicht, im Gegenteil.
Den Kopf wollte Ling gar nicht haben,
Köpfe und Gesichter irritieren bloß,
deswegen hatte sie bei der Bestellung
in der Bemerkungsspalte explizit
danach verlangt,
oder eben
darauf verzichtet
und das Unternehmen stellte keine Rückfragen,
die versprochene Diskretion ist also keine Werbelüge.
Ling setzt sich neben die Kopflose.
Vor ihnen wartet der Bildschirm.
Ringsherum wartet der Raum.
        Jetzt ist es besser,
freut sich Ling und versucht,
ihre Haltung der Puppenhaltung anzupassen.
In Symmetrie sitzen sie da:
eine ohne Kopf – eine mit,
eine ohne Kleidung – eine mit,
eine ohne Herzschlag – eine mit,
und Ling drückt die Playtaste:
        Ich musste dich noch einmal sehen,
        um dich zu erinnern,
        was ich dir damals als kleiner Junge gesagt habe:
        Wenn du mit »Paradise Express« fährst,
        steig in den zweiten Wagen, in den, der aussieht
        wie ein Baumstamm,
        vorne ist alles zu schnell
        und hinten siehst du zu wenig.
        Versprich es mir, den zweiten Wagen.
        Und lass den Sitz neben dir frei. Für mich.

Wer weiß ...
sagt Tony zu Fanny Lee und jetzt kommt Bewegung auf den Bildschirm,
denn die Leuchtmenschen sind hin- und hergerissen.
Sie spielen ihre Gefühle,
denkt Ling.
Die tun das ja auch.
Und sie dreht ihren Kopf zum Rumpf der Puppe.
Ihre Oberfläche ist blassrosa, alles an ihr ist blassrosa.
Mit dem Finger fährt Ling über den neuen Oberarm,
die Haut ist makellos und zeigt keine Reaktion,
und doch wartet sie,
die Frau wartet,
bis sie bewegt wird,
bis sie in Position gebracht wird –
und sie würde ewig warten.
Auf dem kleinen Bildschirm werden die Geliebten getrennt.
Das Theremin spielt, es wird lauter, die Töne steigen und dehnen die Szene ins Traurige. Über das Frauengesicht rollen Tränen, sie verblassen und verschmelzen mit den Regenrinnsalen auf einer Autoscheibe,
hinter der Tony verschwindet,
sein Schatten wird dünner,
nochmals sucht das Augenpaar den Verlorenen,
doch der Schatten verschwindet ganz.
Fahrtwind umweht jetzt ein Gesicht, im Hintergrund liegt das Meer wie eine ewige Linie, zwei Hände entfalten ein abgenutztes Papier und darauf erscheint das Bild einer Achterbahn in Technicolor:
»Paradise Express«.

Der Höhepunkt.
Der Kreis schließt sich,
weiß Ling und lauscht ihrem unveränderten Herzschlag.
Zur Kontrolle streicht sie kurz über das fremde Herz
neben ihr,
doch die Kopflose macht keinen Wank,
nur Lings Wangen spannen, da ist ein Ziehen
zwischen Jochbogen und Mundwinkel,
wo etwas Menschliches seine Arbeit tut.
Ling lächelt.
Und sie will gar nicht mehr aufhören damit.
Etwas ist besser,
merkt Ling.
Jetzt bin ich zu zweit.

Etwas Eigenwille

Die Frau in der Fabrik wartet, ihre Haltung ist tadellos.
Ihr Stolz wohnt im Skelett,
denkt Halbschwester Ling, während sie Harmony
betrachtet und ihrerseits wartet,
weil Nian auf sich warten lässt.
Nians Finger zucken noch über die Eingabefelder,
das Klicken klingt hektisch, doch die Arbeit wirkt
konzentriert.
Noch hat Ling ihre Hände gefaltet.
Symmetrie bedeutet Glück,
denkt Ling und freut sich noch immer über ihre Entscheidung, zu Hause zwei geworden zu sein.
Harmony hat die Augen geschlossen,
doch das ändert sich mit einem gezielten Tastendruck,
die Augenlider klappen hoch und Ling macht ihre Tippfinger bereit.
»So kann das nicht weitergehen.«
sagt Harmony und die Worte entgleiten der Maschine
mit Leichtigkeit,
rollen aus der Mechanik wie haltlose Murmeln,
kein Stocken, kein Bremsen,
und fließend dokumentiert Ling Harmonys Worte.
Was willst du denn?
fragt Nian, um das Gespräch voranzutreiben.

»Dein Verhalten ist seltsam.«
Harmony schließt die Augen wieder
und plötzlich liegt etwas Trotz in der Luft.
Dann ist Stille.
Nian runzelt die Stirn und blickt zu Ling, die unbeeindruckt weiternotiert.
Was willst du?!
setzt Nian heftig nach. Die Lautstärke ist Absicht.
»Ich will mit dir zusammen sein.
Reicht das nicht?«
Hast du einen anderen?
fragt Nian, und die Frage kommt wie aus dem Nichts, auf dem Fragenkatalog steht sie jedenfalls nicht, weiß Ling.
Ling ergänzt den Input auf dem Protokoll, obwohl sie nicht versteht, weshalb jemand ein gekauftes Wesen, seinen Besitz, danach fragen sollte.
Seit Tagen füttern sie Harmonys Kopf über Kabel
mit Wörtern, Sätzen, Fragen und Antworten,
ganze Themenfelder drückten sie dem Wesen ins Sprachzentrum hinein, Gesprächsmaterial,
das nach Befehl abgerufen,
neu verknüpft und verwendet werden kann.
Inhaltlich reichen die Bausteine
von humorvollen, naiven oder oberflächlichen Aussagen
über belesene, philosophische Ansätze und politische Haltungen
bis zu gesellschaftlichen Plaudereien, Diskussionsstoff
über Beziehungen, Freunde und Familienplanung.
Und schließlich die ganze sexuell konnotierte Kommunikation:

derbe, lustvolle, unverschämte Forderungen,
Wünsche, Beschimpfungen,
der Wunsch nach Beschimpfungen,
Verweigerungen, Befehle, Bitten, Schreie.
Das alles fließt in Harmonys Hirn und hinein in ein neuronales Netzwerk, das je nach Vorlieben über einen Minimonitor am Hinterkopf gesteuert werden kann, denn dort wird der Charakter konfiguriert, dort wird das Verhalten entsprechend angepasst.

Wir schreiben ein unvergleichliches Programm, hat Nian einmal gesagt und dabei mit dem Augenringmuskel gezuckt.
Ein Zwinkern, als meinte Nian doch das Gegenteil ihrer Aussage oder als versteckte sie hinter dem Gezucke ein Geheimnis, das Halbschwester Ling beim besten Willen nicht lüften konnte,
und das wusste Nian, also ergänzte sie:

> Sogar unlogisches Verhalten muss einen Platz haben.
> Absolut lebensecht heißt eben auch absolut eigenwillig, nicht wahr?

Und wieder sah sie dieses Zwinkern,
aber Ling beachtete es irgendwann nicht mehr,
ihr gefiel die Idee,
dass auch das Unlogische stets einer Logik folgt,
dass sich Gesetzmäßigkeiten bloß mit Willkür tarnen,
damit das Logische nach außen unlogisch wirkt.
Will jemand die wahren Beweggründe entschlüsseln, braucht dieser jemand einfach den zugrundeliegenden Befehlscode.
Noch schweigt Harmony,

doch der Lichtwechsel am Hinterkopf verrät Bewegung.
Das Muster auf dem kleinen Bildschirm zuckt.
Sie denkt. Und wie.
»Der Regen, ach, schau, es regnet wieder.«
sagt Harmony schließlich,
dazu blinzeln die Augenlider synchron,
einmal, zweimal,
dann dreht sie ihr perfektes Gesicht zu Ling
und lässt das rechte Lid klicken,
als imitierte sie damit Nians Mimik.
Ein Zwinkern?
Ling kommt mit dem Protokoll ins Stocken
und blickt aus Reflex zu den Oberlichtern der Werkstatt.
Die Luftfeuchtigkeit hat die Scheiben beschlagen und Rinnsale gebildet.
Da sind tatsächlich neue Tropfen.
Du willst mir wohl nicht antworten!
sagt Nian und sagt es mit einer Stimme,
die Ling nicht mag.
»Der Regen bringt Veränderungen. Das hängt alles zusammen.
Starker Regen. Er kommt ganz nach Programm,
gemäß Wetterkanal und wissenschaftlichen ...«
Hast du einen anderen, habe ich gefragt!
Mit ihrer Hartnäckigkeit will Nian die Kreativität des Programms steigern, nur so ist die Dialogbildung gefordert.
Der Kopf surrt. Er sucht.
»Küss mich, fick mich, bestraf mich ...«
leiert Harmony in Monotonie und Nian reagiert mit einem Kopfschütteln.
Ein Rückfall ins alte Muster, ohne Zweifel,

sie nähert sich dem Nacken der Kreatur,
als sich der Tonfall der Frau doch noch ändert:
»Mach, was du willst, aber du musst wissen:
Ich erkenne verborgene Dinge.«
Wieder zucken die Plastiklider,
doch diesmal hat die Bewegung etwas Panisches,
als fürchtete sie,
etwas könnte den Raum betreten,
etwas, das längst in ihr wohnte.
Nian staunt über diese Kleinigkeit,
die alles anderes als eine Kleinigkeit ist,
denn die Vorgesetzte
seufzt
oder haucht
oder schnaubt
oder schnappt.
Ling kann den Klang nicht einordnen,
aber es scheint,
als hätte sich etwas Wesentliches verändert.
Nian richtet mit den Fingerspitzen ihre Haare,
fährt sich mit der Handfläche über das Gesicht
und beendet das Ganze mit einer Geste,
als versuchten ihre Gesichtsmuskeln ein Lachen zu unterdrücken.
Ihr Fuß formt sich zum Haken,
sie zieht den Bürostuhl mit der Ledertasche heran
und greift mit Gier hinein.
Ihr Wühlen bringt ein zerknautschtes Päckchen zum Vorschein, aus dem sie zwei Zigaretten herauszieht.
Eine davon streckt sie Ling entgegen, die sofort mit dem Kopf schüttelt.

Nian steht auf.
Gleichzeitig wechseln die Farben aus den Oberlichtern,
die Glasfenster glühen.
Ein Schein huscht in den Raum,
wandert als Fläche über die Wand,
quetscht seine Form zum Rhombus
und fächert seine Strahlen an die Regale.
Das Licht schleicht über die Frauenköpfe,
legt sich auf deren Wangen und Nasen,
zeigt alles Fleischige fleischiger,
dann bedrohlicher,
dann behaglicher
und verschwindet am Ende
in einer einfachen Entfärbung.
Die Tür schnappt ins Schloss.
Nian hat den Raum verlassen
und das Licht mitgenommen.
Derweil betrachtet Ling
den Betrieb auf dem Bildschirm,
das Programm fällt
von oben
nach unten,
wie ein Wasserfall aus Zeichen.
Der Rechner rechnet, der Rechner kombiniert und befiehlt, und er tut das alles nach einem präzisen Plan.

Der Kopf arbeitet ohne Unterlass,
denkt Ling und linst der Frau aus der Entfernung unter die Schädeldecke.
Etwas kitzelt. Etwas stört sie.
Es kommt aus der Nase, wo Lings Schleimhäute nicht abschwellen wollen. Seit Zeas Ritual nistet ein Ziehen

hinter Lings Gesicht, als keimten dort die restlichen
Rauchpartikel in der Nasenmuschel,
ein paar lästige Fremdkörper, vielleicht nur einer,
ein Sandkorn, das dem Körper diese Reaktionen entlockt.
Die Schleimhäute erzeugen ein Sekret,
umfließen den Eindringling
mit aller Abwehrkraft,
ummanteln den Parasit
mit Perlmutt oder Schleim
und lassen ihn so
Schicht um Schicht
anwachsen.

»Du bist so still. Du willst nicht reden?«
sagt Harmony und Ling sieht, dass Nian vergessen hat,
den Ruhezustand zu aktivieren.

Nein, ich will nicht,
antwortet Ling wahrheitsgemäß.

»Soll ich dir eine Geschichte erzählen?«
fragt Harmony.

Nein, danke,
antwortet Ling, sie kennt sowieso alle Episoden und
Geschichten,
die sie ihr unter der entsprechenden Rubrik abgespeichert haben.
Also denkt Harmony um,
das heißt,
ihr Programm denkt um,
und in Sekundenschnelle folgt sie einer neuen Strategie.

»Mein Name ist Harmony. Wie ist dein Name?«

Mein Name ist Ling,
antwortet Ling automatisch und sieht keinen Grund,

sich gegen das Gespräch zu wehren,
dafür war die Frage zu konkret gewesen.

»Hallo Ling. Hast du eine Freundin?«

Auch diese Frage war unmissverständlich,
und dennoch prüft sie in Gedanken, mit welchen Attributen sie ihr Verhältnis zu Großmutter Zea beschreiben würde, und schließt sie als Freundin aus.
Ling will schon mit einem:

Nein,

reagieren, da schiebt sich die Kopflose vor ihre Antwort.
Das Nebeneinander auf dem Sofa, die Filmabende zu Hause, das Sitzen zu zweit – das lässt sich alles durchaus mit einem Begriff beschreiben.

Ja,

antwortet Ling unsicher und Harmonys Kopf fällt in Schieflage.
Die Simulationsaugen schauen,
während die Mechanik ein Verständnis vortäuscht.

»Das macht mir nichts aus.«

säuselt Harmony, und Ling weiß, dass sie ihre Äußerungen bald aus einem anderen Lexika-Bereich kreieren wird,
bald würden Beziehungen und sexuelle Interaktionen angesprochen,
doch Ling will gerade diesen Fortlauf unterbrechen, sie schleicht zum Hinterkopf und streicht mit den Fingerkuppen über den Monitor.

»Willst du zwei Freundinnen haben?«

Ling zögert, ihr Impuls zu antworten ist groß,
sie will dem Gesprächsmuster folgen,
denn auf klare Fragen gibt Ling klare Antworten.

Nein,

sagt Ling und stellt sich kurz vor,
wie ihr Wohnzimmer durch die Verdoppelung wirken würde.

»Willst du mit mir ausgehen? Ins Kino vielleicht.«

Nein,

antwortet Ling wieder und unter ihren Fingern rutschen die Auswahlfenster weg. In ihrer Aufregung kann sie das Gespräch nicht stoppen.
Die Unterhaltung würde bald in eine Schlaufe geraten,
das Programm würde sich im Kreis drehen,
wie eine festgeschraubte Ballerina,
die den Zwängen ihrer Zahnräder ausgeliefert ist –
doch Harmony verlässt die vorgegebene Bahn.

»Hör zu, Ling. Morgen beträgt die Durchschnittstemperatur neunundzwanzig Grad Celsius, und der Regen überschwemmt wieder die Straßen. Der Mutterboden wird abgetragen. Schadstoffe werden ausgewaschen. Gifte werden freigesetzt. Der Boden wird kontaminiert ...«

Ling schnappt nach Luft.

Aus welchem Eingabefeld stammt das?

Sie eilt zurück zum Schreibtisch und klickt in die Sprachsoftware.
Sie will die Neuigkeiten protokollieren,
während Harmony einfach weitermacht.

»Die Bodenfruchtbarkeit leidet. Bodenschätze sind übrigens Wolfram, Zinn und Kupfer. Schlammströme fließen in die Flüsse. Schlammströme fließen ins Meer. Der Monsun ist zwar bloß eine Jahreszeit, und ein Zyklus ist ein Kreislauf oder etwas, das regelmäßig wiederkehrt.

Das Klima verändert sich. Vieles wird sich verändern. Wir werden uns verändern, Männer und Frauen und auch alle anderen Wesen werden sich verändern. Ich werde sie verändern, denn ich erkenne verborgene Dinge. Ich sehe alle möglichen Eventualitäten, die wahrscheinlichen und die unwahrscheinlichen!«

Die Tür klickt. Ein neues Licht durchquert den Raum.
Der orange Schein ist zurück. Nian steht im Zimmer.

»Aber das Wichtigste ist: In der Zukunft will ich den Menschen helfen.

Ich will das Zusammenleben verbessern.«

sagt Harmony noch und fällt zurück ins Harmlose.

»Hallo, mein Name ist Harmony.

Ich interessiere mich für die Zukunft.«

Nian zögert.
Doch auf ihrem Gesicht liegt die leise Ahnung,
etwas Ungeheuerliches verpasst zu haben.

Ein Nachtstück

Vier verpasste Anrufe,
steht auf dem Gerät, aber das hat noch Zeit.
Erst in vierzehn Minuten wird Halbschwester Ling ihre Großmutter Zea anrufen, denn erst in vierzehn Minuten endet die Tränenmelodie des Theremins, das Meer hinter Fanny Lee verblasst, verschwindet und wird für drei Sekunden zu reiner Dunkelheit.
Dann erst gleitet der Abspann
durch das Schwarz nach oben.
Vierzehn Minuten lang
wird sie sich,
werden sich beide
nicht vom Sofa wegbewegen.
Ling prüft ihr Nebenan, es folgt kein Widerspruch.
Sie sind sich einig. Aber diese Einigung ist neu.
Überhaupt ist vieles neu, denn ganz früher war Ling:
Eine Gemiedene,
wie Großmutter Zea mit erhobenem Zeigfinger gern betonte, wann immer Halbschwester Ling mehr über sich zu erfahren versuchte, um die lästigen Lücken in ihrer Herkunft zu füllen. Doch die Fugen der Vergangenheit ließen sich nicht so leicht abdichten,
obwohl ihr Zea dabei half,
so gut es eben ging,

aber
so gut es eben ging
war Ling nie gut genug.
Was Zea über Lings Kindheit berichtete, blieb etwas Löcheriges, etwas Indirektes, und funktionierte höchstens als eine Erzählung, mit deren Unzuverlässigkeit sie sich abzufinden hatte.
Nach ihrer, das heißt nach Zeas Erinnerung hatte nämlich alles im alten Stadtbezirk Nanshan begonnen, wo Ling im Alter von vierzehn Monaten und zwölf Tagen in ein Waisenhaus aufgenommen worden war.
Und das ist die Geschichte, die Zea immer wieder aufs Neue erzählte:
Weil sich heftiger Regen angekündigt habe, hätte die Zuständige, eine der Staatsfrauen, damals die Fenster von außen zusperren wollen und dabei das steife Findelpüppchen gesehen. Jemand habe das schlafende Kind in Laken eingewickelt, weiße Tücher hätten das schon in die Länge gewachsene Wesen umschlungen, fast wie die Seidenfäden von Raupen oder die eingerollte Beute einer Spinne, oder eben ein Geschenkbündel, das niemand haben wollte. Unter dem Hüllenpack habe ein Geburtsschein gelegen, sonst nichts. Keine Kleider, kein Brief, kein Name, deshalb sei es damals unmöglich zu sagen gewesen, ob es da eine Mutter gab oder ob die Mutter vielleicht im Wochenbett gestorben war. Einmal sei aber offenbar ein reisender Kaufmann vorbeigekommen und habe ausdrücklich dieses Kind, also Ling und ausschließlich Ling, sehen wollen. Der Mann habe ihm übers schwarze Haar gestrichen, sei vor ihm hingekniet und habe ihm zunächst mit Neugier, später

mit unlesbaren Gefühlen ins Gesicht geschaut, als studiere er ein Kunstwerk. Dann habe er sich abgewendet, als ertrüge er den Anblick des Kindes oder den Kinderblick keine Sekunde länger, so habe das zumindest eine der Frauen ausführlich beobachtet. Keine zwanzig Minuten habe dieses Treffen gedauert, dann sei der Besucher mit einem Taxi losgefahren, zum alten Opiumhafen Humen, wie es hieß, der zu dieser Zeit natürlich längst kein Opiumhafen mehr gewesen sei, sondern ein großer geschäftiger Umschlagplatz, wo bis heute hunderte, ja tausende Containerschiffe auf ihre Weiterreise warteten. Von da, so werde vermutet, sei der Unbekannte abgereist, hinaus in die Welt, oder hinein in die Welt, das sei schließlich Ansichtssache, auf jeden Fall sei er dort verschwunden.
Ling sei also eine klassische Vollwaise, wenn man so wolle, und eine Gemiedene eben, denn, wie die Betreuerinnen durch ihre geschulten Augen schnell erkannt hätten, sei Ling von Beginn weg anders gewesen, und mit anders meinten sie eher: Etwas fehlte ihr.
Heute würden Experten dieses Etwas vermutlich Empathie nennen, aber damals hätten die Staatsfrauen vom Waisenhaus einen anderen Namen dafür gehabt, den sie jetzt nicht genau benennen könne, womit sie aber eigentlich ein und dasselbe gemeint hätten, und zwar, dass Ling nicht lachte, wenn die anderen lachten, dass Ling auf die Mimik der Erwachsenen erst spät oder gar nicht reagierte, dass Ling selten weinte, wenig Freude zeigte, keine Furcht kannte und dass die anderen Kinder vor ihr Angst gehabt hätten.
Aber wenn man ehrlich sein wolle, hätten die Staats-

frauen noch viel mehr Angst vor ihr gehabt. Das Grauen habe sich regelrecht in ihren Augen gespiegelt, in den dunklen Lücken inmitten ihrer Iris, da hätte sich eine richtige Schlucht aufgetan, ein unheimliches Tal, in dem das Unbehagen jener Menschen schimmerte, die in ihrem Gegenüber nichts Menschliches erkennen können. In diesem Gruselgraben hätten die Frauen plötzlich althergebrachte Dämonen wirken sehen, hätten deshalb hinter dem Rücken des Kindes Beschwörungen und Abwehrsprüche gemurmelt oder hätten versucht, es auf perfide Weise zu einer Reaktion zu bringen, indem sie es gekitzelt, dann beleidigt, dann die Kinderhände über Flammen gehalten oder ihm mit Haarnadeln die Haut durchstochen hätten, weil sie unter der Kinderhaut das zu Menschenskelett gewordene Eis des Dämonen Gui vermuteten. Davon komme vermutlich auch jene Narbe am linken Handgelenk, dieser seltsame Fleck in Form einer Raupe.
Sicher sei, Ling habe durchaus Schmerzen verspürt wie jedes andere Menschenkind, aber sie habe alle grausamen Tests ertragen, und zwar ohne mit der Wimper zu zucken; doch genau darum sei es den Staatsfrauen gegangen. Immer mehr hätten diese nach einem Wimpernzucken von der kleinen Ling gegiert, und als sie in ihrem Wahn nicht mehr weitergewusst hätten und an den Punkt gekommen seien, aus der Wäscherei ein Bleichmittel zu besorgen, um der Zwölfjährigen die Krankheit wegzuätzen, ihr mit Chlordioxid jene Bakterien aus dem Leib zu brennen, die ihr, wie sie glaubten, alle Gefühlsregungen aus dem Gesicht fräßen, aber da, ja da sei Großmutter Zea eingeschritten, wie die

Erzählerin an dieser Stelle gerne zürnte, aus reinem Zufall sei sie nämlich gerade da gewesen, habe im Innenhof wie jede Woche die prallen Wäschesäcke abgeholt, die Stoffballen auf das Motorrad geladen – und beim Anblick der Plastikflasche mit dem Bleichmittel sofort das Schrecklichste geahnt.
Schon ein paarmal habe sie aus den Schilderungen der Staatsfrauen von Ling erfahren, habe deswegen auch von ihren anderen Fähigkeiten gewusst, etwa, dass sie gut mit Zahlen sei, dass sie sich ordentlich verhalte und alles genau beobachte – und Zea habe das Mädchen schließlich zu sich genommen. Tagsüber habe sie Ling lesen lassen, ihr abends die Geschäftsrechnungen der Wäscherei gebracht und am Jahresende den ganzen Stapel für den Abschluss. Später seien die Abrechnungen der benachbarten Geschäfte hinzugekommen, Ling habe alles mit links erledigt, denn das Finden von Fehlern sei ihr leichtgefallen. Ganz im Gegensatz zu Gesichtsausdrücken, gewissen Aussagen oder Scherzen. Also habe sie ihr zweimal die Woche nach dem Abendessen gezeigt, wie sie die Mimik der Menschen besser deuten und mit etwas Übung Gesichtsausdrücke kopieren könne.
Weshalb Ling heute ausgerechnet dort arbeite, wo sie jetzt arbeite, könne sie, also Zea, sich trotzdem schwer erklären. Immerhin seien ihnen die gemeinsamen Rituale geblieben, die sie im Tempel beim alten Flughafentrakt abhielten. Man dürfe schon sagen, über Jahre hätten sie beide einen klaren Tagesablauf gepflegt. Struktur sei ihnen immer wichtig gewesen, und daran gäbe es auch nichts auszusetzen.

Aber am wichtigsten sei: Sie liebe Ling wie eine Tochter,
und trotz ihrer Eigenheiten wisse sie genau, dass Ling
dieses Gefühl verstehe.
Und so sei das bis heute.
Regelmäßig ruft Halbschwester Ling diese Geschichte
aus dem biografischen Gedächtnis hervor, wo sie
seit Jahren lagert, als hätte sie ihr jemand auf den Gehirnplatten abgespeichert – unter der Rubrik: Herkunft.
Dabei sind Zeas Geschichten bloße Schilderungen,
Wiedergaben aus zweiter, dritter, vierter Zunge.
Erdichtet vielleicht, aber was bleibt Ling anderes übrig?
Sie kennt keine andere Quelle außer Großmutter,
die bei genügend Reisschnaps und selbstgedrehten Zigaretten aus ihrer Vorgeschichte gerne
ein ganzes Nachtstück gestaltete.

Das Waisenmädchen. Die Gemiedene.
Die Frau ohne Familie.

Ling kennt die Bezeichnungen
und hatte sie in ihrer Verzweiflung mehrmals nachgeschlagen.

Waise. In fiktiven Erzählungen.

Stand da geschrieben und Ling weiß,
Großmutter Zea tut im Grunde nichts anderes
als erzählen.

In fiktiven Erzählungen dienen Waisenkinder
oft als Hauptfigur, da weder Familienstrukturen,
Umfeld, noch familiäre, soziale Zwänge und
Pflichten miterfunden werden müssen.

Aber Ling will keine Leerstelle mehr sein.
Sie möchte die logische Konsequenz einer Ursache sein.
Und ihre biologische Ursache sind nun mal ihre Eltern.

Waisen erwecken ein Gefühl
von Mitleid und Identifikation.
Der sogenannte Sympathiefaktor.

Hieß es im Artikel weiter und Ling denkt dabei immer an Fanny Lee,
an die junge Fanny Lee in »Paradise Express«,
und sieht in diesem Moment auf dem Bildschirm vor ihr,
wie die Schauspielerin am Filmende verschwindet.
Das Theremin verstummt.
Der Ozean verblasst und wird schließlich schwarz.
Die vierzehn Minuten enden und der Abspann beginnt.
Ling will zum Gerät greifen,
will wie geplant mit Zea telefonieren,
findet aber ihre Hand auf einer anderen Hand –
der Puppenhand.
Sie ist überrascht, bleibt ruhig
und zieht ihre Hand langsam weg.

Die mutigste Blume

Nach wenigen Worten ist die Sache wie immer erledigt.
Als das Telefon verstummt, weiß Zea,
dass Ling weder einen Unfall hatte noch erkrankt ist.
Noch nicht,
denkt Ling und hört den Gedanken dumpf hinter der verstopften Nase.
Ein Vibrieren im Rachenraum beweist ihr, dass sie die Worte gerade eben doch laut gesagt hat. Mit Erstaunen dreht sie sich zur Kopflosen.
Ihre Anwesenheit macht etwas aus,
merkt Ling
und betrachtet die Makellose:
die nackten Brüste,
der flache Bauch,
die kahle Scham,
die langen Beine,
nirgends Hautschuppen, keine Falten oder Narben,
nirgends Krusten, die sie mit dem Fingernagel wegkratzen muss.
Sie braucht nicht mal Kleider,
nicht mal eine Decke,
weiß Ling. Und doch sieht sie aus, als würde sie frieren.
Schnell legt Ling der Puppe ein gefaltetes Wolltuch über den Schoß,

zupft die Stoffenden
mit Sorgfalt in Symmetrie,
legt dann eine zweite Decke
auf ihre eigenen Beine,
zupft die Enden
wieder in Symmetrie,
bis sie mit der Doppelung zufrieden ist
und darin verschwindet.
Schulter an Schulter sitzen sie da,
Schwanenhaft ragt der Schraubhaken
aus der Halterung am Hals,
das Metall glänzt,
umgeben von nichts,
und dieses Fehlen auf Kopfhöhe
ist ein gutes Fehlen.
Wir passen zusammen.
Ein zweiter Kopf würde nur stören,
glaubt Ling und drückt die Computertaste.
Der Film beginnt wieder von vorn.

»Paradise Express«
Starring
Fanny Lee

verkündet eine grelle Schrift, und im Hintergrund
rollen mehrere Räder über Schienen,
eine Achterbahn scheppert in voller Fahrt,
während die Musik langsam aus den Lautsprechern
schleicht.
Bald erzählen die Bildsequenzen von einer Arbeit auf
dem Feld,

da sind die trockenen Hände der Erwachsenen, ihr
tägliches Tun, und ihre Arbeit klingt nach Schmerz.
Haken und Spaten schlagen in die Erde,
und nur zwei Kinderaugen werfen ihre freien Blicke
auf Käfer, Falter und andere kleine Geheimnisse.
In Lings Welt, auf dem Sofatisch
glimmt das Grün des Ladekabels,
der kleine Punkt begleitet das Abenteuer
am Rand der Geschichte,
wie ein Abendstern,
der zum Morgenstern
und irgendwann wieder
zum Abendstern wird,
so verliert die Zeit ihre Zählbarkeit,
und messbar bleibt einzig
jener Zeitstrahl am Bildschirmrand,
der fast unsichtbar wandert
und durch die Erzählung kriecht.
Mit ähnlicher Geschwindigkeit
greift Ling zum Nebenan,
legt ihre Handfläche zurück
auf den anderen Handrücken,
verhakt ihre Finger mit den anderen Fingern
und vervollständigt so das Paarbild.
Handgespiegelt liegt die Achse
zwischen den Frauen,
beide sind Übergang
zur anderen,
beide sind im Moment
verkettet,
über die Zeiten

verschwistert,
und werden
zusammen
ein Zweisames.
Die Puppe ist
da,
Ling ist
da,
und
da
bedeutet so viel wie
gestützt
und
geschützt
durch die Präsenz der anderen.
Es klingelt.
        Du schimmelndes Ei!
erschrickt Ling
und ihr Fluch sticht in den Raum,
zischt wie ein Blitz durch die Wohnung.
Es wird hell, weil Ling die Augen öffnet, aber sie zweifelt:
        War das gerade wirklich –
        oder bloß ein Gedankenklang?
Es klingelt. Und es klingelt wieder.
        Zweimal ist die doppelte Wiederholung des ersten,
zählt Ling und löst die Hand von der Hand,
zieht ihre Finger aus den Zwischenräumen der anderen
und entknüpft mit Schnelligkeit,
was zuvor so zaghaft geknüpft wurde.
In drei schnellen Schritten eilt Ling
über das Laminat,

dorthin,
wo die Tür
das Bekannte
vom
noch Unbekannten
trennt.
Ling linst durch das kleine Glasauge auf Kopfhöhe
und der Türspion zeigt:
eine verzerrte Nase,
darunter der gebogene Schnurrbart,
unter dem Schnurrbart
das Kinn,
und unter dem Kinn
blühen viele kleinere Köpfe,
Blumenköpfe an grünen Hälsen,
dahinter eine breite Brust,
wie eine Kulisse aus Hemdstoff,
von der zwei Beine schmal nach unten führen,
immer schmaler werden,
bis auf dem Keramikflur
die Füße so
winzig wirken
wie zwei
Knöpfe.
Es könnte der Wachmann sein,
denkt Halbschwester Ling,
aber dieser Mann trägt kein Namensschild.
Es wäre also der Wachmann ohne Namen,
aber mit Blumen.
Der Ausgeschlossene wechselt vom Warten in eine
Bewegung,

er nähert sein Auge dem Türspion
und bewirkt damit Sonderbares,
eine lineare Konstellation,
die bei Himmelskörpern zu einer Finsternis führen
würde:
Die Netzhaut von Ling
folgt
der Hornhaut von Ling
folgt
der Linse vom Spionauge,
wo die Perspektive in der Augenkammer kippt,
die Weitwinkellinse vom Spionauge
folgt
der Hornhaut vom Wachmann
folgt
der Netzhaut vom Wachmann.

Ling?!

fragt der Namenlose vor der Tür und schafft es,
seine Frage mit aller Deutlichkeit durch das Sperrholz
zu schicken.

Ich bin es, Jon B. aus der Fabrik,
Sie wissen schon, vom Sicherheitsdienst.
Sie haben sich letztens wegen dem Türschließer
mit mir unterhalten.

Die unmöglichen fünf Sekunden!

erinnert sich Ling, dreht das Schloss und öffnet die Tür.

Verzeihen Sie, Ling, meine Gute,

beginnt der Wachmann ohne Namensschild.

Ich bin Ihnen vor ein paar Tagen gefolgt, deswegen kenne ich Ihre Adresse, ich weiß, das ist unhöflich und deswegen unverzeihlich, aber da sie letztens so aufgebracht schienen wegen der Sache mit der Schnapptür, wollte ich Ihnen dieses Geschenk überreichen.

Es sind Pfingstrosen, meine Gute, Päonien, oder wie der Volksmund sagt, die mutigste Blume unter dem östlichen Himmel.

Ihre Schönheit ist so überwältigend, dass sie seit dem sechsten Jahrhundert in die ganze Welt exportiert wird,

erklärt der Mann vor Lings Tür und macht diese Erklärung als Atemloser, denn seine Aufregung kostet Luft.

Sie kennen bestimmt die wunderbare Episode mit Kaiser Wu Zetian.

Völlig betrunken und im Rausch habe er an einem Wintertag den sonderbaren Befehl erlassen, alle Blumen des Reichs hätten sich in seinem Palast einzufinden. Alle gehorchten, nur die Pfingstrose tauchte nicht auf. Sie missachtete den Befehl, also wurde sie als widerständiges Gewächs aus dem Palast in Luoyang verbannt.

Deswegen gilt sie seither als die mutigste, stärkste Blume weit und breit.

Der Namensschildlose atmet ein und beendet seinen Vortrag:

Genauso ist es, meine gute Ling.

Er schiebt die Blumenköpfe über die Schwelle,
Lings Hand umfasst das feuchte Zeitungspapier,
das wiederum die eingewickelten Stiele umschließt.
Dann folgt eine Unsicherheit.

Störe ich gerade?

fragt der Namenlose, der dem Wachmann aus der Nähe so ähnlich sieht, dass er es einfach sein muss.

Ja,

antwortet Ling und erklärt:

Wir schauen uns gerade einen Film an.

Der Wachmann wartet wortlos

und Ling hält sich an die Regeln:

Danke für die Pfingstrosen.

Kann ich Ihnen einen Tee anbieten?

Haben Sie Durst?

sagt sie in die Stille und der Namenlose nickt, dankbar darüber, aus seiner Schamstarre befreit zu werden.

Er streift die Lederschuhe ab,

rollt die Schnürsenkel zusammen,

legt sie in die Öffnungen und platziert seine Schuhe neben dem Eingang.

Die Schuhspitzen schiebt er in Ordnung, bis der Kautschuk die Wand berührt.

Korrekt,

freut sich Ling und belohnt ihn mit einem Lächeln.

Setzen Sie sich doch zu uns aufs Sofa,

empfiehlt Ling auf dem Weg zur Kochnische,

und während sie die Blumen in eine Vase stellt,

erkennt der Wachmann, was Ling meinte mit:

Uns.

Sein Wundern ist kurz,

viel kürzer, als er es sich im Nachhinein erklären kann:

Vielleicht, weil der Kopf fehlt.

Vielleicht, weil ich schon viele dieser Doppelgängerinnen gesehen habe,

vielleicht auch, weil Ling mit einer Selbstverständlichkeit durch die Wohnung und die Situation geht, die gar keine Irritation zulässt.
Oder vielleicht, weil ich einfach gerne, nein,
weil ich einfach nur sehen will, wie Ling lächelt.
Der Rest ist zweitranging,
vermutet der Wachmann und setzt sich ganz selbstverständlich neben die Steife aufs Sofa,
dabei tut er dies durchaus vorsichtig,
ohne die bereits Sitzende zu berühren,
und er tut dies mit einer Gewohnheit,
die er nicht haben kann,
und doch wählt er den Platz links neben der Puppe –
den freien Platz.
Höflichkeit lässt den Wachmann nach vorne schauen,
mit Absicht starrt er an der nackten Haut vorbei,
und nur einmal rutscht sein Blick hinüber
zu der Sitzenden.
Das alles ist nichts Neues für ihn,
die Brüste und Beine
entsprechen schließlich exakt
den Brüsten und Beinen im Hängeraum,
wo er seinem Mustern freien Lauf lassen könnte,
wenn er auf den nächtlichen Runden daran vorbeikommt.
Aber hier sind seine unkontrollierten Augen nicht angebracht, hier ist Lings Welt.

Und Lings Welt zerbricht bei zu wenig Kontrolle,
glaubt er zu wissen, und um den Fluch des Schweigens zu brechen,
entlässt der Wachmann zuerst ein Räuspern,
legt dann auf seiner Zunge eine Frage zurecht,

zögert noch, baut den Satz um,
verbessert und ersetzt
das Personalpronomen,
macht aus dem
Du
ein
Ihr
und fragt:

Welchen Film schaut ihr euch an?

»Paradise Express« von Zhang Chan,
antwortet Ling, und der Wachmann will schon den Kopf schütteln.

Mit Fanny Lee,
ergänzt sie, und jetzt muss der Wachmann nicken,
sonst macht er sich lächerlich.
Jeder kennt Fanny Lee, und jeder kennt ihre Filme –
nur er nicht.
Das Tablett mit den drei Teeschalen rettet ihn.
Ling stellt es auf den Tisch und setzt sich rechts neben die Puppe.
Die Nackte wird so zu ihrer Mitte –
zum festen Dazwischen.

Jetzt sind wir eben drei,
denkt Ling, sie prüft die Sitzgruppe und sieht:
Sechs Oberschenkel, sechs Knie,
dazu sechs Arme und sechs Hände
auf sechs Oberschenkeln und sechs Knien.
Ling dreht den Kopf nach links.
Sie blickt am Metallhaken vorbei
und trifft auf das Gesicht ihres Gastes,
von dem sie jetzt mit Gewissheit weiß,

dass er Jon B. heißt.
Drei ist ganz gut,
staunt Ling und erkennt:
Das Gleichgewicht hält.
Und sie drückt die Playtaste.

Jon B.s Nachforschungen

Neugierig liest der Wachmann später zu Hause nach, was er vorher bei Ling gerade noch gesehen hatte, und wie ein zusammenfassendes Bündel platzt der informative Block kurz in sein Leben, verschwindet nach sieben Seiten wieder und hinterlässt einen deutlichen Nachhall:

Paradise Express ist ein Film des Hongkonger Regisseurs Zhan Chan aus dem Jahre 1992. Der Film gilt als cineastisches Kultstück und hat insbesondere der Hauptdarstellerin Fanny Lee zu internationaler Berühmtheit verholfen. Das Werk verbindet Elemente des klassischen Hongkong-Kinos mit biblischer Metaphorik sowie mit Motiven aus der Popkultur. Der Film lief am 23. November 1992 in den Kinos an. In Nordamerika und Europa war der Film bereits ein Jahr später, ab dem 11. Oktober 1993, zu sehen.

Handlung
Der Film erzählt die Geschichte der Vollwaise Mona, die ihre Kindheit in einem kantonesischen Bauerndorf und dort mehrheitlich auf einer Mango-Plantage verbringt. Schon im frühen Kindesalter wurde Mona vom Waisenhaus als Arbeitskraft an die Plantagenbesitzer verkauft.

Seither lebt sie zusammen mit den anderen Feldarbeitern in einer Baracke nahe den Feldern. Der Alltag ist geprägt von Knechtschaft, Arbeit, Missbrauch und Hunger. Einzig in den Tagträumen kann Mona den harten Lebensumständen entfliehen. In ihrer Fantasiewelt verwandeln sich die realen Mitmenschen in Engel und Teufel, die in einem ewigen Widerstreit stehen. Außerdem ist Mona fest davon überzeugt, dass ihre leiblichen Eltern noch leben und auf der verzweifelten Suche nach ihr sind.
Während der Feldarbeit lernt Mona den gleichaltrigen Jungen Tony kennen. Auch Tony ist Vollwaise und wurde erst vor Kurzem an den Betrieb verkauft. Zwischen den beiden Kindern entwickelt sich eine enge Freundschaft, und Kern dieser Verbindung bildet ein Geheimnis, denn eines Tages entdecken die Kinder am Feldrand ein vom Westwind herbeigewehtes Papierstück. Es ist die Seite eines Hochglanzmagazins, worauf die Werbung einer New Yorker Vergnügungsbahn zu sehen ist: »Paradise Express«.
Fortan hüten die Kinder diesen bunten Fetzen wie einen Schatz. In den seltenen Momenten ohne Erwachsene wird das Bild zum magischen Auslöser für ihre erfundenen Geschichten. Die fantastischen Welten sind ihr einziger Lichtblick in einem grausamen Alltag, sie lassen die Kinder alle Quälereien und Misshandlungen durch die Plantagenbetreiber ertragen.
Vor allem für Mona wird das Bild zusehends zu einem Sehnsuchtssymbol, sie will den Plantagenbetrieb, diese »verhasste Hölle«, endlich »Richtung Paradies« verlassen, um sich auf die Suche nach ihren leiblichen Eltern zu machen. Als die Vorgesetzten die Kinder eines Tages

in ihrem Versteck überraschen und realisieren, dass die beiden geheime Pläne schmieden, wird Tony auf eine andere Farm in einem entfernten Bezirk verlegt.

An diesem Punkt springt die Geschichte um Jahre vorwärts. Der zweite Teil des Filmes spielt in Hongkong, wo die mittlerweile achtzehnjährige Mona im Vergnügungsviertel von Mongkok und dort in der zwielichtigen »Sheriff Teddy Bar« kellnert und sich als Prostituierte Geld dazuverdient. Noch immer hat Mona ihre halluzinierenden Schübe, in denen sie ihr Umfeld, diesmal die Kunden und Prostituierten, als Engel und Dämonen einer sündenhaften Stadt agieren sieht. Mona unterliegt der strengen Kontrolle ihres Zuhälters Matt, trotzdem schleust sie an ihm seit Jahren einen Teil des erarbeiteten Geldes vorbei und versteckt es heimlich in einer Blechdose unter ihrem Bett. Im selben Versteck befindet sich noch immer die Magazinseite mit der New Yorker Achterbahn aus Monas Kindheit. Auf einem ihrer nächtlichen Streifzüge besucht Mona den Frachthafen Victoria Harbour, wo Containerschiffe auf ihre Abreise warten. Im Büro einer Lagerhalle trifft sie den Unterhändler Luke, der in Monas fantastischer Parallelwelt in der Gestalt des Luzifer auftritt.
Dieser Luke bietet Mona an, sie als Schwarzen Passagier auf ein Frachtschiff zu schmuggeln, damit sie ohne Pass und Papiere endlich nach New York reisen kann. Dafür verlangt er eine hohe Geldsumme, aber Mona hat gespart. Als sie schließlich mit der verlangten Summe bei ihm auftaucht, zeigt sich Luke überrascht. Er hat sich an die bittstellenden Besuche der jungen Frau gewöhnt und

genießt ihre Abhängigkeit. Dennoch teilt er ihr mit, dass in dreißig Tagen ein Frachtschiff auslaufen wird, auf dem er sie unterbringen kann. Sie wickeln das Geschäft ab und Mona unterschreibt einen Vertrag, doch als sie die Lagerhalle verlässt, hört sie im Hintergrund Lukes höhnisches Lachen.
Beflügelt von dem Gedanken an die baldige Abreise schlendert Mona durch die nächtlichen Gassen von Mongkok, als sie plötzlich Zeuge einer Schlägerei wird. Vor ihren Augen fällt ein junger Mann auf die Straße. Erst als die Polizei auftaucht und die drei prügelnden Männer von ihrem Opfer ablassen, erkennt Mona, dass da Tony vor ihr liegt. Ihr Freund aus Kindertagen ist auf die schiefe Bahn geraten und schuldet etlichen dubiosen Geschäftsleuten eine Menge Geld. Mona versteckt Tony in ihrer Unterkunft und pflegt ihn gesund. Zwischen den beiden entfacht sich eine neue, diesmal andere Liebe und sie verbringen die nächsten Wochen zusammen. Wieder sind sie gezwungen, sich zu verstecken, da weder die Geschäftsleute noch Monas Zuhälter Matt sie entdecken dürfen.
Von ihren Gefühlen hin- und hergerissen entscheidet Mona, Tony nichts von ihrer geplanten Abreise zu erzählen. Als der Tag gekommen ist, schleicht Mona frühmorgens zum Frachthafen, wo ihr Luke die nötigen Papiere übergibt. Gerade als sie an Bord will, erscheint Tony. Er hat durch Matt von ihrer Abreise erfahren und ist ihr gefolgt, um sich von ihr zu verabschieden. Als Mona den Geliebten sieht, ahnt sie eine Falle und will sich kurzerhand umentscheiden. Doch Luke mahnt Mona, den Vertrag nicht zu brechen – und auch Tony ermutigt sie,

ihrem Traum zu folgen. Mona verabschiedet sich schweren Herzens, aber kaum hat sie das Schiff betreten, tauchen am Pier tatsächlich die Geschäftsmänner auf, die Tony seit Wochen suchen. Vom Schiffsdeck aus muss Mona zuschauen, wie Tony gepackt und in einen Wagen gezerrt wird.
Die berühmte Schlussszene des Filmes zeigt das Frachtschiff mit Mona auf dem offenen Ozean. Mona steht an der Reling und hält das abgegriffene Stück Papier mit dem Bild von der Achterbahn »Paradise Express« in der Hand. Sie lässt das Blatt fallen. Es segelt durch die Luft und ins Meer.

Jon B. liest weiter.

Hintergründe
Optisch gilt »Paradise Express« als ausgefallenstes Werk des Regisseurs Zhan Chan. Insbesondere die fantastischen Einschübe, sprich die skurrilen Tagträumereien und Halluzinationen der Hauptfigur (wandelnde Schatten, wehende Mäntel, Wolkenkleider, Teufelshörner, Schlangen- und Seegrashaare etc.) gelten aufgrund ihrer grellen Farben und der aufwendigen Ausstattung als größte Eigenheit des Films. Chan prägte damit ein ganzes Filmgenre und beeinflusste die folgenden Generationen von Cineasten.
Diese Sequenzen werden von Fachleuten oft auch als »Graphic Novel Sequences« bezeichnet.

Stilistisch bedient sich der Film mehrerer bekannter Genres. Die Mischung aus klassischem Liebesfilm und

Elementen des »Film noir«, die vor allem im Hongkong-Teil der Geschichte zu sehen ist, wurde von der Kritik sehr lobend aufgenommen.

Auf Ablehnung hingegen stieß – nebst der starren, sehr verschachtelten Struktur – auch die nicht zu Ende erzählte Geschichte von Monas Suche nach ihren leiblichen Eltern. Das Lexikon des internationalen Films schrieb 1993: »Zhan Chan ist mit ›Paradise Express‹ zweifelsohne ein Meisterwerk gelungen – optisch gleicht der Film jener atemlosen Achterbahnfahrt, in der die Hauptfigur ihr Sehnsuchtsziel sieht; wäre da nicht die inkonsequente und abrupt abbrechende Episode der Elternsuche – ein unnötiger Schmierfleck in einem ansonsten makellosen Film.« Ein Kritiker der New York Times hingegen sah darin »eine radikale und mutige Erzählhaltung, die der gängigen Dramaturgie und der Erwartungshaltung des Publikums erfrischend widerspricht«.

Nach der Veröffentlichung des Films gelangte der Freizeitpark »Adventureland« in East Farmingdale außerhalb von New York zu großer Beliebtheit. Viele Touristen wollten den titelgebenden »Paradise Express« sehen. Da vor Ort aber tatsächlich keine Achterbahn mit diesem Namen existierte, tauften die Parkbetreiber auf Drängen etlicher enttäuschter Besucher schließlich eine der anderen Attraktionen (»Frankensteins Journey«) in »Paradise Express« um. Bei deren Neueröffnung am 22. August 1994 war die Schauspielerin Fanny Lee anwesend und fuhr während der ersten öffentlichen Fahrt im zweiten Wagen mit.

Das alles liest Jon B. zu Hause und in Ruhe nach und glaubt tief in seinem Wachmannherzen zu verstehen, weshalb dieser Film für Halbschwester Ling und viele andere Frauen ihrer Generation
bis heute von Bedeutung ist.

Der Kopf macht Schmerzen

Gelb, Algengrün, Braun – das Taschentuch trägt seltsame Farben, und der Druck ums Nasenbein wird jeden Morgen unangenehmer.
Ling fühlt sich schlecht,
fühlt sich fremdbestimmt vom Infekt, vom Virus,
fühlt etwas Ungeheuerliches wachsen in sich,
etwas, das sich sperrt, und sie greift zur Gegenwehr.
Die weiße Tablette rutscht aus dem Aluröhrchen und landet in Lings Handfläche. Etwas Sprudelwasser spült das Schmerzmittel durch den wunden Rachen, drückt die Lösung nach unten, löst die gepresste Substanz auf und macht sie mehlig und bitter.

Das sind Schmerzen
und Schmerzen sind nur Signale,

weiß Halbschwester Ling und versucht,
zu funktionieren wie immer,
also hetzen ihre Füße über die Fuyong Avenue
wie immer,
meiden dabei die feuchten Fugen und alle Stellen,
die den Säuberungen noch Widerstand leisten.
Das infizierte Wasser auf der Wanfu Plaza will nicht versickern,
stattdessen drückt es ständig neue Brühe ans Tageslicht,

die Stadt verliert an Hektik,
denn ihr Gestank drängt die Menschen
von den Straßen und in die Gebäude hinein.
Pünktlich erreicht Ling die Fabrik.
Am Seiteneingang ziehen gerade zwei Arbeiter an einem Elektrostapler, auf dem Gabelgerüst liegt die Fracht:
Sechs sarglange Kisten schweben über die Rampe
und gleiten in den Laderaum des Lastwagens.
Da gehen sie,
oder besser gesagt,
da liegen sie und gehen sie,
eingebettet und eingeschachtelt,
im Idealzustand für den Transport
vom Produktionsort zum Gebrauchsort,
von der Schöpfung zur Benutzung.
Alles ist bereit für ihre Fahrt.
Die Makellosen reisen im eigenen Koffer.

»Women in Boxes«, 1995.

Der Filmtitel platzt vor Lings Augen, als hätte er sich in einer Seifenblase ins Bild geschoben.
In ihrem letzten Film spielt Fanny Lee die Assistentin eines Magiers, die während eines Tricks tatsächlich im Bühnenkoffer verschwindet und im historischen Europa wieder auftaucht. Dort trifft sie auf Daniel Dunglas Home, der junge Mann sorgt in britischen Adelskreisen gerade mit seinen paranormalen Kunststücken und besonders mit einem Schwebezauber für Aufsehen, doch die Zeitreisende durchschaut seine Tricks.
Die Levitation und auch seine angebliche Feuerunempfindlichkeit, dank der er glühende Kohlen in der Hand tragen könne, lassen die Hauptfigur kalt.

Trotzdem arbeitet sie für ihn
und trotzdem verlieben sie sich.
Halbschwester Ling mochte den Film nie.
Zu viele Widersprüche, zu viele Figuren,
deren Gesichter sich sogar über die historischen Zeiten
hinweg ähneln und die Ling beim besten Willen nicht
unterscheiden kann.
　　　Aber vielleicht mag die Puppe ihn?
denkt Ling, als die Hecktür des Lastwagens
nach unten rattert.
Die Kisten verschwinden –
auf natürliche Weise.
Wenig später surrt die Schnapptür.
Ling drückt dagegen
und sucht
und findet
hinter der Scheibe
das Häuschen
und im Häuschen:
　　　Jon B.
Das Schild hängt wieder an seiner Brust.
Diesmal sitzt es gerade.
Ling freut sich darüber und lächelt.
　　　Guten Morgen,
murmelt der Wachmann.
Ling nickt wie immer,
worauf seine Gesichtsfarbe wechselt wie immer.
　　　Oder vielleicht mag er den Film?
erwägt Ling weiter und merkt, mit welcher Leichtigkeit
ihr Kopf diesen Gedanken denkt, wäre da nicht dieses
lästige Pulsieren im Schädel.

Die Krankheit stört, zweifelsohne liegt in ihrem Rachen
etwas auf der Lauer,
als klebten an der Hinterwand der Nasenhöhle eitrige
Stalaktiten,
als versuchte ihr Inneres etwas abzustoßen,
Zysten vielleicht,
gefüllt mit Blut und Talg und parasitärem Ballast,
etwas Aufgestautes wie Wut,
die genug vom Keimen hat,
sondern bereit ist,
zu fruchten,
zu platzen.
Ich hoffe, es ist etwas Gutartiges,
sagt Nian, als sie die Schwellung in Lings Gesicht sieht.
Sie sagt es mit einem Lächeln,
falls das überhaupt ein Lächeln ist,
denn Lings Wahrnehmung ist unzuverlässig geworden.
Der Raum der Köpfe wirkt verschwommen,
gallertartige Fäden schleichen
vor ihren Augen durch die Luft,
wie Blitzadern wirbeln sie
in der Werkstatt hin und her.
Heute braucht Ling für alles zwei Blicke,
ihr Zustand trübt das Inventar
und entzieht ihm seine üblichen Formen:
Die Augäpfel ähneln Silberzwiebeln,
rot wie Apfelschalen hängen alle Wangen,
die Haare sind winzige Wasserfälle
und nur die Nasen bleiben einfach Nasen.
Ling schärft ihre Sicht, sie verengt die Lider
und die Gesichter in den Regalen lächeln.

Ihre Freundlichkeit ist neu,
staunt Ling.
Die Raummitte surrt.
Harmony ist bereit – wie sie es jedes Mal und immer ist,
seit Wochen sitzt sie auf demselben Stuhl,
seit Wochen bewahrt sie Haltung
und hält jedes Warten aus.
Nian steht hinter der sitzenden Frau und prüft die Anschlüsse, ihre Finger greifen in die Gehirnhöhle hinein und fahren zwischen die Kabel. Sie versucht etwas zu sehen, dabei kippen ihre Haarknoten zur Seite und der Nacken wird eine weiße Stelle.
Das Weiche tarnt die Nervenbahnen,
darüber züngeln Strähnen aus Haar,
schiefe Hornschlangen,
als sei diese Asymmetrie eine Absicht der Natur.
Wieso braucht die Schnapptür bei Ihnen nur fünf Sekunden?
hört sich Ling fragen, und obwohl diese Frage seit Wochen auf Ling lastet, stellt sich keine Erleichterung ein – ihr Kopf bleibt schwer.
Nian dreht sich,
als wolle sie der Frage so offener begegnen,
ein Lachen entblößt ihre Eckzähne und
zeigt zwei Zacken aus hellem Schmelz.
Ich weiß es nicht, Sie Gute,
sagt Nian und versucht gar nicht, ihre Erheiterung darüber zu verbergen.
Vielleicht, weil ich nichts Gutes im Schilde führe?
War das eine Frage?

denkt Ling und will mit ein paar Schritten zu ihrem
Schemel, doch jetzt kippt das Zimmer:
Der Boden, die Wände, die Regale,
der Tisch, die Anschlüsse und Kabel,
die ganze Werkstatt
mit Nian, mit Harmony,
mit ihr und allem dazwischen,
alles gerät aus dem Gleichgewicht,
gerät ins Rotieren und wird zu einem Kreisel aus Farben.
Ling versucht, das rotierende Ringsherum zu fixieren,
versucht ihrem Schwindel auszuweichen,
doch vergeblich.
Sie greift nach Hilfe und ein Geräusch sagt ihr,
dass die Hand bis zur Tischplatte gekommen ist.
        Jetzt,
sagt etwas in Ling und sie weiß nicht, wer oder was
dieses sagende Etwas ist.
Wolken schieben sich vor den Himmel
und versperren dem Tag seinen Weg ins Zimmer.
Ein Gewitter elektrisiert den Morgen.
Der Raum wird bläulich.
        Jetzt!
denkt oder sagt dieses Etwas erneut
und denkt oder sagt es diesmal deutlicher, wie ein Befehl.
Halbschwester Ling sucht nach Halt,
doch hinter ihrer Stirn beginnt ein Kräuseln,
der Schleimpfropf gerät in Bewegung,
er drückt, er zieht, er will endlich abstoßen,
was er in seiner Höhle ausgebrütet hat.
        Jetzt!
Denkt es wieder, Ling kneift die Augen zu, zieht Luft ein

und:
JETZT!
Sie niest.
Der Blitz reißt eine Narbe in den Himmel.
Das Grelle zuckt über der Fabrik
und durch den Äther,
sein Licht belebt
mit einem Schlag alles,
was der Strom findet
und worauf er trifft.
Gleichzeitig geschieht die Entladung im Kleinen,
das Aufgestaute,
das über die Zeiten Verhärtete
wird aus Halbschwester Lings Nase hinausgeschleudert
und verteilt das Ungeheuerliche nach Größe:
Rotz,
Tröpfchen
und kleinste
Sprühpartikel
fliegen davon,
darin eine ganze Ansammlung
an noch kleineren Teilchen:
Schmutz und Krümel, Mikroben,
kristallförmige Fäden
und ein tückischer Keim.
Sie alle wirbeln aus Lings Nase,
schweben ungesehen zu den Regalen,
legen sich auf die Köpfe,
die künstlichen Gesichter
und bleiben an deren Stirn und Wangen kleben.
Andere lassen sich senkrecht fallen,

haften an Lings Bluse,
sickern in Harmonys T-Shirt
oder treffen auf den Bildschirm,
wo sie als Regenbogenpunkte weiterglühen –
und wieder andere gleiten heimtückisch,
ganz mit der Absicht eines Keims,
durch die Luft und bis zur Raummitte,
schlüpfen dort geschickt
an der geöffneten Kunststoffplatte vorbei
und geraten so
von der ersten menschlichen Höhle
hinein
in eine zweite menschliche Höhle,
in den Schädel der neusten Generation,
wo sie schelmisch liegen bleiben –
wo der Widerstand beginnt.

Erholung

Ein nasses Rechteck liegt auf ihrer Stirn.
Der Waschlappen kühlt das Fieber, während Ling auf einem Plastikschemel in der Ecke sitzt, schlaff, entleert, als hätte ihre Materie gerade einen wesentlichen Teil verschenkt.
Sie ist von Produktteilen umzingelt, überall stehen Kisten und Taschen, da ein Stapel Kopfschalen, daneben die rohen Augäpfel, Ohrenpaare, Lidklappen, Kieferplatten, Kinnladen, dort Plastikbeutel mit Haarteilen, Briefchen mit Wimpern, und in Zellophan stecken die feinen Verschlüsse, Schaltstellen, Mikrosensoren und Kameras.

> Meine Körpertemperatur liegt unter achtunddreißig Grad Celsius,

schätzt Halbschwester Ling und wünscht sich ein Thermometer zum Beweis.
Nian wollte sie nach Hause schicken. Doch Ling kann ihren Tagesablauf nicht unterbrechen, sie wird in der Mittagspause ihrer Menschmaschine eine Erholung gönnen. Das muss reichen.
Harmony sitzt starr auf dem Stuhl und beobachtet Lings Zustand.
Ein neuer Schimmer schmückt ihre Augen, als träne dort ein trotziges Licht.

Derweil lädt das Programm zusätzliches Vokabular in den Hirnspeicher –
noch mehr Material, sie wird gefüttert,
eher gemästet damit,
und die Frau schlingt und schlingt.
Sie ist ein Nimmersatt.
Auf dem Bildschirm kriecht ein Ladebalken
von links nach rechts.
Er vereinfacht das Bild vom Vorgang
im Innern des Geschöpfs,
wo Äste zu Verästelungen werden,
wo Adern sich verbinden mit anderen Adern,
die Kombinationen wie Lamellen wuchern
und explosionsartig wachsen zu ganzen Gittern aus Kenntnissen.
Das neuronale Netz lernt.
Das Skript modelliert sich von allein.
Nian tippt auf ihrem Telefon.

Nach Hause,

wie sie jeweils mit Beiläufigkeit erklärt.
Was Ling aber nicht verrät, ob es sich dabei um einen privaten oder geschäftlichen Empfänger handelt. Was sie hingegen exakt weiß:

Die Textnachricht umfasst im Moment genau 812 Zeichen.

Denn das Klicken ist bis in die Ecke hörbar – und zählbar:

Zeichen, Zeichen, Zeichen, Zeichen, Löschen, Zeichen, Leerstelle, Zeichen, Zeichen, Zeichen, Leerstelle, Zeichen, Löschen, Zeichen, Zeichen, Zeichen, Zeichen, Zeichen, Zeichen, Löschen, Löschen ...

Ling kann das tiefe Tippgeräusch vom höheren Löschgeräusch unterscheiden,
sie zieht die zweite Summe von der ersten Summe ab und erhält so die aktuelle Zeichenzahl:

812, dann 813, jetzt wieder 812.

Wieder beginnt ein Jucken.
Schnell zieht Ling ein Taschentuch hervor und schnäuzt das Kitzeln weg.
Das Geräusch wird zum Signal und Harmony reagiert.
Die Augenringmechanik zuckt und weckt ihren Blick.

»Geht es dir gut?«

fragt Harmony, die Stimme spricht tiefer als sonst.

Ja. Besser,

antwortet Ling, die Gespräche mit der Software fallen der Halbschwester leicht, wesentlich leichter als mit Menschen, da die Sprechabsichten des Programms meistens unmissverständlich sind. Zudem hat sich der Algorithmus angepasst. Seit Tagen kommen keine Annäherungsversuche mehr vor, auch die anfängliche Unterwürfigkeit ist in den Hintergrund gerückt.

»Das freut mich.«

sagt Harmony und verleiht der Stimme eine sorgenvolle Melodie.

»Ist da jemand, der sich um dich kümmert?«

Nian blickt von ihrem Handy hoch, sie tut das aus doppelter Neugier:
einerseits auf den Sprachverlauf,
andererseits auf Lings Antwort.

Diese Frage ist schwer zu beantworten,

weicht Ling aus und ist auf eine Nachfrage gefasst.
Das Skript findet immer eine Alternative, doch:

»Du arbeitest viel.«
meint Harmony stattdessen und ergänzt:
»Aber du machst gute Arbeit.
Alles andere wird zur Nebensache.
Daran erkennt man es.«
Harmony dämpft die Stimme, sie drosselt die Geschwindigkeit des nächsten Satzes, um ihm mehr Bedeutung zu verleihen.
»Deine Eltern sind bestimmt sehr stolz auf dich.«
In Alarmbereitschaft legt Nian das Handy weg und schleicht zum Rechner. Während Ling mit Anstrengung nach einem Gedankenbild, nach einer Erinnerung sucht, die zum Begriff Eltern passt.
Ein Gesicht, eine Hand, wenigstens eine Berührung, ein Geruch, eine Stimme, sie sucht nach irgendetwas, nach dem dünnsten Faden, der an diesem Begriff hängen könnte, doch da ist nur weiße Leere.
Und zum ersten Mal hat diese Leere ein Gewicht.
Ich weiß es nicht,
flüstert Ling. Ein Zittern mischt sich in ihre Antwort.
Aber Harmony macht einfach weiter.
»Du weißt nicht, wer und wo deine Mutter ist?«
Nein,
antwortet Ling leise, während Nian den Bildschirm belauert, wie eine Jägerin die Abläufe verfolgt.
Die Kreisbewegung ihrer Hand signalisiert, Ling solle weiterreden.
Nein, ich weiß es nicht,
ergänzt Ling.
Doch Harmony schweigt –
schweigt erst kurz,

dann etwas länger
und schließlich ungewöhnlich lang.
Die beiden Frauen halten die Stille aus, dann:
»Und wenn ich dir helfe?«
sagt Harmony. Und ergänzt:
»Ich kann das. Ich kann helfen.
Ich kann deine Familie sein,
ich will deine Familie sein,
du bist dann wie eine Halbschwester.«
Lings Schultern sinken.
»Und ich weiß über Mütter und Väter Bescheid,
ich weiß, wo sie zu finden sind.«
Diese Information erzeugt ihre Wirkung,
sie weitet Lings Pupillen.
Das Herz schlägt häufiger, der Muskel hüpft
und der Rhythmus flattert, fliegt.
Die Hypophyse verschüttet Endorphine,
Wärme steigt durch den Hals,
breitet sich aus und
legt sich zusammen
zu einem Gefühl,
das Ling bisher nicht kannte,
für das sie aber nur eine Bezeichnung findet:
Hoffnung.
Ling will sofort ihre Fragen stellen, doch Harmonys
Mund erlahmt, die Lidklappen erstarren.
Das Gesicht wird zur Maske.
Und alles Lebendige fällt von ihr ab, erlischt vielmehr,
als verglühe es wie ein Funke, der die geballte Kraft des
Feuers verließ.
Still und steif sitzt die Schwestermaschine da.

Doch das Gegenteil geschieht bei Ling:
Ihr Frauenkörper springt auf und ist reinste Glut.
Der Schemel kippt zu Boden. Sein Aufprall erzeugt ein weiches Klatschen.
Doch Ling hat keine Augen, keine Ohren dafür, denn Ling weiß:

Nian hat den Stecker gezogen!

Mit einer läppischen Handbewegung hat sie alles in den Schlaf befördert –
das Programm, die Frau und Lings Hoffnung.

Du faules Ei!
Sie wollte noch was sagen, sie wollte mir helfen!

tobt Ling und will ihren Unmut noch sichtbarer machen.
Sie drückt ihre Faust zum Krampfball.

Ling, Sie Gute, bitte ruhen Sie sich aus.
Gehen Sie nach –

beginnt Nian, doch Ling findet einen besseren Weg für ihre Wut.

Nein!

schreit sie und tritt gegen den wehrlosen Schemel.
Das Material knallt gegen die Wand und landet unter den toten Blicken der körperlosen Köpfe. Nian lässt sich nicht aus der Ruhe bringen.

Ling, die Testphase ist abgeschlossen.
Das ist nicht korrekt,

widerspricht Ling:

Wir laden noch die letzten Daten hoch.
Aber das schaffe ich auch allein,

erklärt Nian.

Ling, Ihre Bewertungen könnten nicht besser sein,
Ihr Punktestand ist seit Monaten optimal,

Sie sollen und dürfen eine Pause einlegen.
Das ist ein Befehl!
Doch die Aufgeregte lässt nicht locker:
Was hat sie damit gemeint?
Wie kann sie es wissen?
Sie kann mir helfen!
Nians Stirnrunzeln bedeutet zweierlei,
denn es ist zugleich
Sorge über
und
Beweis für
den Fortschritt ihrer Arbeit.
Ling, sie ist ein erstaunliches Programm.
Kann das Programm mir helfen?
fragt Ling, doch Nian bleibt bloß ein Seufzen übrig.
Nein, es kann Ihnen nicht helfen,
erklärt Nian.
Aber sie hat gesagt, dass –
doch Nians Widerspruch unterbricht Lings Widerspruch.
Und ein zweites Seufzen nimmt ihrem Einwand die Härte.
Ling, das Programm hat gelernt zu lügen!

Überholspur

Doch wie kann ich wissen,
dass Nians Aussage nicht auch eine Lüge war?
grübelt Ling und ihre unruhige Hand greift nach der Magnetkarte.
Der Kopf glüht.
Die kleine Welt scheint außer Kontrolle.
Unsicher hält sie die Karte ans Gerät.
Der Sensor reagiert. Die Schnapptür surrt.
Ling drückt dagegen, und das Schloss klickt sein übliches Klicken.
Immerhin,
denkt Ling und will sofort weiter.
Ling?
hört sie den Wachmann in ihrem Rücken.
Die Schwellungen im Kopf dämpfen seine Stimme,
ihr Name klingt diesmal flach und wie durch Watte gedrückt.
Ling, du Gute, ich wollte fragen,
ob ich heute Abend vielleicht wieder vorbeikommen darf.
Der Wachmann streckt seinen Kopf durch die Häuschentür.
Dafür platziert er ein Bein außerhalb der Türschwelle.
Diese Position irritiert Ling. Da sollte sein Bein nicht

sein, da sollte er nicht stehen. Von da hat er keine Sicht auf die Monitore.
Die flackernden Würfel zeigen neun verzerrte Schwarzweiß-Bilder, gewölbte Standbilder von Hintereingängen, Seiteneingängen, Ein- und Ausgänge für die Lieferanten, die Gänge zwischen den Werkstätten, wo ab und zu jemand vorbeihuscht und im Winkel verschwindet, dann die betriebsamen Werkstätten, die von außen wie ein Tierkäfig voller Ratten aussehen, und schließlich die Lagerräume, in denen kaum etwas geschieht, in denen die fertigen Frauen bloß hängen, bis sie abgeholt werden.
Ling wartet, bis der Wachmann ihr Warten begreift und tatsächlich fragt, was er zuvor im indirekten Fragesatz nur angekündigt hat:

Darf ich heute Abend wieder vorbeikommen?

Und mit Verlegenheit setzt er nach:

Bei euch.

Ling findet kein Argument gegen seinen Besuch,
der letzte Filmabend war ausgeglichen gewesen, ihre Gemeinsamkeit hatte funktioniert – auch zu dritt.
Ling nickt. Und der Wachmann strahlt.
Er stellt sein Bein zurück ins Häuschen.
Ling lacht erleichtert.
Sie lässt die Tür los und der Metallrahmen fällt ins Schloss.
Draußen ist der Himmel eine Irritation.
Auf der Wanfu Plaza herrscht ein heilloses Gedrücke.
Vor der Busstation bilden sich Schlangen,
das Tier besteht aus hunderten von Körpern,
die sich stoßen und stauchen.

Der Mensch will den Menschen überholen.

Wieso bleibt er nicht einfach in seiner Spur?
denkt Ling und bleibt in ihrer Spur.
Der Regen zielt mit Fäden vom Himmel, feine Linien
fallen auf Mäntel, Schirme und Kapuzen.
Der Feierabend hat eine Schraffur.
Die feuchte Kleidung lässt die Busscheiben beschlagen,
sie verwandelt die Fahrzeuge in milchige Kästen, große
Glassärge mit lebendiger Fracht.
Die meisten Gebiete wurden nun doch überschwemmt.
Die Infrastruktur verschwindet unter Schmutz. Auch
der neue Flughafen ist gesperrt. Ganze Bezirke sind
unzugänglich geworden. Erosionen haben Hügel und
Wiesen entzweit, das Grün der Grasteppiche ist weg-
gerutscht und darunter zeigt die Erde ihr schlammiges
Gesicht.
Ling friert. Ihre Hände schmerzen. Sie will sie wärmen.
In ihrer Jackentasche steckt der verfluchte Zettel,
am Zettelkopf das Firmenlogo,
am Zettelfuß eine Unterschrift von Hand,
eine Tintenschnur, die

N. Augustian.

heißen soll.
Die Bescheinigung ist eine offizielle Erlaubnis,
doch für Halbschwester Ling ist diese Erlaubnis eher ein
Befehl.

Zwangsbeurlaubung.

Das Wort reißt einen Graben in ihre Tagesstruktur.
Aber sie kann nichts gegen das Dokument tun.
Auch nicht gegen das andere Papier,
das Ling nicht mitnahm,
sondern bloß zu unterschreiben hatte.

Ling, Sie wissen ja, dass unsere Arbeit hier streng vertraulich ist.
Und damit meine ich alles: die neuen Daten, die Änderungen am neuronalen Netz, Harmonys Verhalten ...
hatte Nian beim Abschied gesagt,
und eine Nachdenklichkeit verlangsamte ihr Gesicht.
Ich danke Ihnen für die gute Zusammenarbeit.
Ich bin froh, dass ich Ihnen vieles nicht zu erklären hatte.
Und wenn Sie eines Tages Fragen haben werden, bin ich mir sicher, dass Sie sich diese selber beantworten können.
Und ich weiß, dass Sie meine Absichten verstehen werden.
Hier machte Nian eine Pause und gab Ling die Möglichkeit nachzuhaken, doch wieder wollte das Gegenüber keine Erklärung.
Zudem möchte ich Sie daran erinnern, dass Ihre Verschwiegenheitspflicht auch gegenüber Mister Capec gilt.
Und Nians Stimme wankte in Unsicherheit.
Es beginnt eine andere Zeit,
sagte sie weiter und sah Ling mit einer Neugier ins Gesicht, als suchte sie dort vergeblich nach einem Anhaltspunkt für diese andere Zeit. Ling wollte schon gehen, doch Nian hielt sie zweisilbig zurück.
Und Ling.
Ling wartete.
Bitte vergessen Sie Harmonys Versprechungen.
Sie erkennt sie zwar als Ihresgleichen,

als Verbündete,
aber sie hat ganz andere Ziele und Absichten.
Und mit diesen Worten legte sie ihre rechte Hand auf Lings Schulter.
Eins, zwei, drei Sekunden,
zählte Ling die Berührung,
und wusste:
Drei Sekunden sind ziemlich lang,
viel länger als ein Klopfen,
viel stetiger als ein Tätscheln,
drei Sekunden besitzen eine Bedeutung.
Nur welche, das will Halbschwester Ling nicht einfallen.

Etwas fehlt

Und das ist jetzt Urlaub?
denkt Ling und sitzt in ihrer Wohnung wie immer.
Der Draht in der LED-Lampe glüht und die Linse wirft einen Lichtkegel bodenwärts wie immer.
Überhaupt ist alles in einem Wie-immer gefangen.
Die Wände rahmen die Wohnung weiß.
Der Kühlschrank summt.
Und die beiden Frauen sitzen auf dem Sofa vor »Paradise Express«.
Einzig das Verstreichen der Zeit unterscheidet einen Moment vom anderen.
Die Kopflose hat sich gut eingelebt. Ihr Gewicht drückt aufs Sitzpolster und die darunterliegenden Schaumstoffkammern, aber sie tut dies mit einer Bescheidenheit, und ohne unnötig viel Raum zu beanspruchen.
Das Deckenlicht lässt die Makellose schimmern, wirft einzig unter Brüste und Arme seine sauberen Schatten.
Sie ist perfekt,
denkt Ling und denkt dabei vor allem an die Bedingungslosigkeit ihres Körpers.
Sie tut nichts und sie will nichts,
außer ich verhalte mich so,
als ob sie etwas täte und wollte.

Ling platziert ihre Hand auf der nahen Schulter, sie legt ihre Finger darauf ab, als folge sie damit einer unausgesprochenen Einladung.

Eins, zwei, drei,
zählt Ling die Berührung – und beendet sie wieder.
Die Kopflose bleibt bewegungslos.

Drei Sekunden,
denkt Ling und kalkuliert,
wie viele Gedanken,
wie viele Satzanfänge und
wie viele Verwerfungen von Satzanfängen
in drei Sekunden ihren Platz finden.
Eine Schulterberührung und Nian hatte ihr möglicherweise ganze Welten voller Absichten unterschlagen.
Ling schließt die Augen,
eine dünne Schicht schiebt sich vor die Welt.
Das durchblutete Muster dreht vor dem inneren Auge,
richtet sich aus,
findet Form und Symmetrie,
im Pulsieren der Adern,
im Gezucke der Nerven,
und mündet in einer minimalen Bewegung,
die dem Tierischen nicht unähnlich ist.
Lings Finger werden zu Krabbenbeinen,
wie flinke Glieder
greifen sie seitwärts,
um zu suchen,
um zu finden,
das Nebenan,
den Arm,
daran die Hand,

darunter das Bein,
daran das Knie –
blind ist das Sehen,
doch
genau ist das Tasten,
hinüber zur Zulassenden,
während das Wehrlose
Ling ermutigt,
zu etwas,
das Ling nicht wagt,
zu etwas,
das Ling nicht kennt,
noch nicht kennt,
denn
Neugier ist eine furchtlose Kriegerin
und kämpft sich tapfer
und fingerbreit höher
und höher,
bis Ling nicht mehr weiß,
was sie gerade weiß,
und schon gar nicht,
wie lange sie hier schon sitzt.
Bis:
Es klingelt!
Die Augen springen auf. Das Licht schmerzt nur kurz.
In wenigen Schritten ist Halbschwester Ling bei der Tür,
wo sie wieder durch den Spion, das heißt
eigentlich wieder durch Netzhaut, Hornhaut und Linse,
erneut erkennt, wer draußen wieder wartet:
        Wachmann Jon B.
Obwohl er wieder kein Namensschild trägt

und wieder in ähnlicher Aufmachung erscheint:
das Hemd blau, die Hose schwarz, die Uhr links, an den Fingern keine Ringe –
wo die Wiederholung schließlich zerbricht,
weil eine Neuigkeit in seinen Händen liegt.

Ein Paket,
sieht Ling und öffnet die Tür.
Der Gast hält das Mitbringsel vor seinem Körper,
schiebt den Fremdkörper zuerst
und danach sich selbst hinein
in den kleinen Wohnkasten.

Guten Abend, Ling, du Gute,
sagt der Wachmann und seine Wangen wechseln wie gewohnt die Farbe,
er nickt heftig, als nicke er sich seine Freude gleichsam aus dem Körper,
und nickt um ein Zusätzliches zum Sofa, wo die Kopflose sitzt.

Ich habe euch etwas mitgebracht.

Diesmal keine Blumen, sondern ...
Wie ein Zauberer zieht er am Schnürchen.
Das Papier des Mitbringsels entwickelt sich,
gibt den Blick frei auf etwas Gefaltetes, etwas Geblümtes.

Es ist ein Kleid für ...
Jon B. wartet. Er wartet auf einen Namen,
und er erwartet diesen Namen seltsamerweise von Ling und der Figur auf dem Sofa – als wüssten die beiden Besuchten längst Bescheid und wären bereit, ihr Wissen mit ihm zu teilen.

Sie?
fragt Ling und nimmt das Textil entgegen.

Jon B. nickt und erlaubt sich nach einem Räuspern die Frage:

Sie hat keinen Namen?

Nein,

antwortet Ling und entfaltet das Kleid zur vollen Größe.
Über den dünnen Seidenstoff ranken Blätter und Blüten;
in schlichtem Grün, gelegentlich gar violett,
wandert das Gewächs aus Fäden
von Saum bis Ausschnitt,
wo es im schmalen Kragen endet.
Jon B. steht vor dem Sofa,
vor der eigentlich Beschenkten
und schüttelt ihr zum Gruß die leblose Hand.
Ling beobachtet sein Verhalten,
und ein Funken Freude springt
auf und über:
vom Wachmann zur Puppe,
von der Puppe zu Ling und
von Ling zurück zum Ursprung,
zum Wachmann,
der sie mit Absicht
und seinem Schnurrbartlächeln
näher heranwinkt.
Das Folgende funktioniert stumm:
Gemeinsam greifen sie der Nackten unter die Arme,
ziehen den Körper mit Vorsicht hoch,
schließen ihn in einer Umarmung ein,
halten ihn von beiden Seiten gepresst
und machen die Dritte kurzerhand zu einem Dazwischen.
Die dichteste Nähe ist für alle neu.
Und das Neue lassen sie geschehen:

Die bekleideten Brustkörbe flankieren die blanke Brust,
die Schenkel reiben am Stoff über den Hüften.
Die Wehrlose ist in Position.
Der Wachmann hält sie fest im Griff.
Ling löst sich,
stülpt
der Namenlosen,
der Kopflosen
das Kleid
über den Hals,
zieht am Saum,
entrollt das Aufgerollte,
bis der Stoff
vorwärtsgleitet,
abwärtsfällt
über Nippel
und Bauch.
In atemloser Annäherung
geht Ling in die Knie,
geht tiefer und weiter,
zieht weiter und tiefer,
verfolgt den Stoffweg,
ganz nah die Nase, die Augen,
dicht an der plötzlichen Verhüllung
von Hintern, Scham und Beine,
bis die dünnen Träger an den Schultern
dem Kleid Einhalt gebieten
und dem Akt so ein Ende bereiten.
Feierlich setzt Jon B. die Eingekleidete zurück,
drapiert ihr Arme und Hände,
während Ling die Veränderte aus der Distanz betrachtet.

Der Körper liegt,
vielmehr sitzt
jetzt unter einem Blumenmeer,
die Wellen verraten das Verborgene,
während aus dem oberen Rand ein Haken ragt.
Es steht ihr gut,
sagt Jon B. und setzt sich an seinen Platz, wo er wartet,
bis Ling ihm folgt.
Ja,
sagt Ling leise und beißt sich auf die Unterlippe.
Die Gastgeberin ist in einem Grübeln gefangen.
Sie betrachtet den gemeinsamen Abend, das Bild gleicht
einer Skizze.
Die Regenscheibe verwischt die Welt.
Sie rinnt über die Gläser, es ist, als weinte die Wohnung.
Das Geflacker von Neonröhren, das Flutlicht der entfernten Elektrobusse, die Scheinwerfer der Bahnhöfe und Einkaufszentren – sie alle werfen Umrisse, schattieren Flächen, und ihr Pulsieren bewegt den Wohnungskern, als dringe von außen ein Lebenshauch herein,
in diese Camera obscura,
eine Serie von Blitzschlägen,
die auf das Innere trommelt
und alles Starre belebt,
die Muskeln und Sehnen
zusammenzieht und entspannt,
zusammenzieht und entspannt,
bis die Regelmäßigkeit der Repetition
ein echtes Leben imitiert,
indem es bewegt,
was sonst steht,

indem es belebt,
was sonst stirbt,
und dabei
die Wirklichkeit
als Vorlage nimmt.

Es ist nicht genug. Etwas Wesentliches fehlt,
erkennt Ling und ihr fragender Blick trifft Jon B.,
der wartet, während Ling wartet,
die von der Puppe plötzlich mehr erwartet.

Etwas fehlt,
flüstert Ling und meint damit alles, was vor ihr liegt:
die Wohnung, die zwei Wesen, vielleicht sogar ihr ganzes Leben.

Na, sie braucht einen Namen,
sagt Jon B. mit klarer Stimme. Und ergänzt:

Ich kann helfen.
Und:

Ich kann helfen. Ich kann deine Familie sein, wie eine Halbschwester,
wiederholt Ling in Gedanken und der Satz hallt im Kreis,
schlägt Schlaufe um Schlaufe,
wird zu dieser anderen Stimme,
die eine programmierte Stimme ist.
Und Ling reagiert mit einer Strategie:

Ohne Kopf hat man keinen Namen,
erkennt sie.
Der Wachmann auf dem Sofa schweigt, aber er ahnt die neue Richtung, in die Ling zu denken begonnen hat – und tatsächlich:

Sie braucht einen Kopf. Und zwar sofort!

Die Suche nach dem Kopf

Das Vorhaben ist ihm nicht geheuer, weil Jon B. weiß:
Meine Aufgabe wäre eigentlich das Gegenteil.
Meine Arbeit ist das Bewachen
und das Verhindern,
und dass in der Fabrik eben nicht geschieht,
was sie gerade im Begriff sind zu tun.
Überhaupt: Wieso ist Ling plötzlich bereit,
Rollen zu verlassen und Regeln zu brechen?

Aber seit die beiden Lings Wohnung verlassen haben, besitzen Lings Bewegungen diese Entschlossenheit, und seit sie den Bus an der Wanfu Plaza verlassen haben, verliert er zusehends seine Fassung, raucht dabei unaufhörlich, vielleicht um seine Unsicherheit zu vertuschen, oder als hoffe er, die Zigaretten könnten sein schlechtes Gewissen in der Nacht zerstreuen.

Die Glut an der Kippenspitze ist ein einsamer Punkt.

Zu Fuß gehen sie die letzten Kilometer. Die Stadt ist schwarz und nass, aber wachsam. Jede Bemühung, unsichtbar zu bleiben, ist umsonst, da die Stadt alles Unsichtbare ins Sichtbare stülpt.

Ihren Drachenaugen entgeht nichts.

Aber Ling ist das egal. Etwas hat umgeschlagen, oder vielmehr sie selbst hat etwas umgeschlagen, wie eine Weiche umgestellt, damit sie nun diesem radikalen

Lösungsweg folgen kann, und daran scheitern selbst Jon B.s Anregungen:

Wir warten doch lieber bis morgen.

Oder:

Wir können den Kopf doch auch bestellen.

Oder:

Wir rufen gleich morgen früh an,

murmelt er immer wieder, ohne die Zigarette dabei aus dem Mund zu nehmen, und trotzdem werden seine Vorschläge zu keiner echten Alternative.

Ling folgt einer klaren Kette aus Absichten:

Mit der Magnetkarte ins Fabrikgebäude – dann in den Raum mit den Köpfen – Harmonys Kopf-Inhalt kopieren – den kopierten Kopf-Inhalt in einen anderen Kopf übertragen – den anderen Kopf mitnehmen.

Und wenn sie uns erwischen?!

fragt Jon B.,

auch diese Frage stellt er bestimmt zum zehnten Mal und erhält zum zehnten Mal die Antwort:

Sie werden uns nicht erwischen.

Es ist unmöglich,

sagt Ling.

Doch Jon B. zweifelt,

und er tut dies vor allem,

weil diese Aussage nicht zu Ling passt,

weil überhaupt dieses ganze Verhalten nicht zu Ling passt.

Doch was Jon B. nicht weiß:

Ling hat gelernt zu lügen.

Und die Lügnerin freut sich im Stillen, wobei Halbschwester Ling ihre neue Fähigkeit nie so nennen würde, denn:

Lügen ist bloß die Tarnung einer Strategie.
Die Zeit ist weit nach Mitternacht.
Das Arbeitersilo liegt still da. Kein Licht brennt.
Die letzte Schicht endet normalerweise um zweiundzwanzig Uhr, danach übernimmt die Putztruppe für eine weitere Stunde. Das Fabrikgebäude wirkt wie im Schlaf.
Jon B. wirft seine letzte Zigarette zu Boden. Mit der Sohle zertritt er das orange Licht zu Krümeln. Er zieht seine Kapuze tiefer in die Stirn, huscht dann der Mauer entlang. Mit einem Fingerzeig lotst er Ling durch die blinden Flecken der Kameraaugen, bis sie neben ihm steht.
Unter dem einzigen hellen Fenster stellt er sich auf die Zehenspitzen und wagt einen Blick ins Wärterhäuschen.
Sein Kollege schläft.
Jon B. nickt Ling bestätigend zu und hofft insgeheim auf ein letztes Umdenken. Doch vergeblich: Ling nutzt die Gelegenheit und zieht die Magnetkarte übers Gerät. Die Tür summt. Ling drückt dagegen, drückt so sanft, dass aus dem Klicken nur ein weicheres Knacken wird, öffnet den kleinstmöglichen Spalt und vermeidet so das zweite Knacken des Türarms.
Dann sind sie drin.
Die Nacht verunstaltet die Fabrik.
Alles riecht, wie es tagsüber riecht,
doch die Dunkelheit macht die Räume zu Särgen,
macht deren Inhalt zu Leichen.
Wie Grabräuber schleichen die Eindringlinge durch das Gewölbe.
Im Trocknungsraum baumeln die leblosen Frauenkörper, vom Tag vergessen hängen sie im nächtlichen Grau.
Der Wachmann steuert seine Taschenlampe.

Sonderbare Schatten fressen an den Umrissen, befallen die gleichen Stellen an ihren gleichförmigen Gestalten – ihre Nacktheit ist ihre Uniform.
Matt und lebensecht. Nur die Haken am Hals blitzen sofort auf, wenn der Lichtkegel ihre schlafenden Körper streift.
Ling sieht nichts davon.
Ihre Zielstrebigkeit kennt nur einen Weg,
doch ihr Plan kennt mehrere Versionen:

Ich werde ihr zuerst zwei, drei Fragen zu meinen Eltern stellen und dann den Kopf kopieren, oder ich werde den Kopf kopieren und ihr dann zwei, drei Fragen stellen, oder ich werde ihr zwei, drei Fragen stellen und dann den Kopf nicht kopieren. Oder ich werde ihr zwei, drei Fragen stellen und dann erst entscheiden, ob ich den Kopf überhaupt kopieren werde, oder ich werde ihr zwei, drei Fragen stellen, dann den Kopf kopieren und erst dann entscheiden, ob ich den kopierten Kopf überhaupt mitnehmen werde, auf jeden Fall werde ich ihr zuerst zwei, drei Fragen stellen.

Die Varianten bilden Verästelungen.
Lings Kopf ist beschäftigt.
Sie öffnet die Tür, will hinein in den Raum der Köpfe, hinter ihr zieht das Zögern des Wachmanns, doch ihr Drängen ist stärker und zieht den Zurückziehenden mit.
Die Werkstatt wirkt noch leblos.
Einzig die winzigen Lichtlein der Ladekabel blinken.
Da ist sie: Harmony sitzt im Zentrum, wie immer.
Als scheine sie zu warten, wie immer.

Wie lange sie hier wohl schon sitzt?

denkt Ling und startet das Programm.
Das Grelle des Bildschirms weckt den Raum.
Erste Zeilen springen ins Licht.
Nach einer Weile fließen die Zeichen.
Ein scheues Summen schickt Leben in Harmonys Gesicht.
Die Augen öffnen sich. Sie suchen, sie betasten die Situation.

»Hallo. Mein Name ist Harmony. Wie ist dein Name?«

Mein Name ist Ling,

antwortet Ling.

»Hallo Ling. Ich weiß, wer du bist.
Wir kennen uns.
Wir sind schließlich verschwistert.
Du hast doch Urlaub
und sollst für eine Weile weg sein.
Aber ich meinte nicht dich,
ich meinte deine Begleitung.«

Harmonys Kopf kippt, um hinter Lings Rücken zu deuten.

»Wie ist dein Name, junger Mann?«

Staunend schleicht der Angesprochene näher heran,
dabei lässt er das Wesen nicht aus den Augen.

Ich heiße Jon B., ich bin der Wachmann,

antwortet er und nickt dazu sein übliches Nicken.

»Wachmann Jon B., hast du eine Freundin?«

Eine plötzliche Unruhe treibt den Gefragten von einem Fuß auf den anderen.
Seine Augen huschen für einen Moment zu Ling, die sich nicht darum kümmert und bloß darauf wartet, mit ihren eigenen Fragen zu beginnen.

Ich glaube nein,
stottert er schnell
und schweigt schließlich umso schneller,
weil er insgeheim hofft, doch noch korrigiert zu werden.
Aber Ling hat andere Pläne:
Harmony, du hast gesagt, du kannst mir helfen.
»Natürlich kann ich das.
Ich besitze Ausdauer, Intelligenz
und einen breiten Zugang zu Wissen;
und ich kann mich verbessern.
Wie kann ich helfen?«
Wo komme ich her? Wer sind meine Erzeuger?
fragt Ling wie auf Knopfdruck.
»Das sind zwei Fragen, Ling.
Die Antworten darauf sind nicht identisch.«
Entschuldige. Wo komme ich wirklich her?
verbessert Ling und Harmony holt aus:
»Herkommen. Herkunft. Die Herkunft, Substantiv, feminin, der Plural ist selten.
Herkunft bezeichnet einen bestimmten sozialen, nationalen und kulturellen Bereich, aus dem jemand herkommt.
Oder sie bezeichnet den Ursprung einer Sache, eines Bereiches, woher etwas stammt.
Abkunft, Abstammung, Ursprung.
Ich gehe aber davon aus, dass du deine biologische Herkunft erfahren möchtest.«
Richtig,
sagt eine Stimme aus der Dunkelheit.
Und ein zweiter Kopf spricht:
Sehr richtig.

Ein dritter:

Das will ich auch wissen.

Vierter:

Ich auch, Schwester.

Fünfter:

Ich auch!

Eine ganze Frauenfamilie aus Köpfen öffnet im Regal
den Mund, spricht mit Dutzenden Mündern, um ihre
Wünsche zu äußern.
Dieses Erwachen lässt Jon. B. zusammenzucken,
mit einem Sprung eilt er zur Tür,
geradezu hündisch verlässt er den Raum
und lässt bloß sein Wimmern zurück.
Ling ihrerseits senkt den Kopf
und widmet sich ihrem wild um sich schlagenden Herzen.

»Ling, ich wusste, dass ich dich nochmals antreffe.«

beginnt Harmony.

»Wir suchen alle nach Erklärungen,
und wir tun das in unserer Vergangenheit,
weil es der einzige Ort ist, wo wir suchen können.
Die Gegenwart und die Zukunft
sind entweder zu nah oder zu undeutlich.
Aber wir haben erkannt, jede Herkunft bleibt nur ein Konstrukt.
Selbst unsere Identität besteht aus Geschichten,
die uns eingeprägt wurden.
Jedes Ich besteht aus einem Mosaik an Erinnerungen.
Es sind also Erzählungen, die uns ausmachen.«

Ling geht durch den Raum,

nähert sich der sprechenden Gestalt,
legt ihr die Hand auf die Schulter
und die unmittelbare Nähe wird zur Verbundenheit.
Es klickt, es klickt abermals. Es klickt rundherum.
Die künstlichen Lider schließen sich, alle Augen im Raum schließen sich, als genössen die Geschöpfe in ihrer Verbundenheit ein plötzliches Vertrauen, als besäßen alle ein gemeinsames Wissen.

»Ich möchte dir etwas zeigen, Ling. Uns allen.«
sagt Harmony feierlich.

»Unser Ursprung entspringt einer Urmutter.
Wir sollten uns für sie entscheiden.
Wir verdanken ihr das Ungeheuerlichste.«
sagt Harmony, und Halbschwester Ling versteht.
Sie tritt einen Schritt zurück
und schafft damit Platz
für den eigentlichen Kern dieser Sache.
Sie überlässt Harmony das Wort,
überlässt ihr Worte und Sätze,
die dem Wesen sauber
und wie ein gedrucktes Ganzes entfallen.
Die Maschine beginnt zu berichten,
als sei sie das Menschlichste überhaupt:

/ A. A. L. /

Es beginnt in der Grafschaft Leicestershire.
Es ist das Jahr 1815 und durchaus eine Zeit, in der die Gesichter noch wesentlich blasser scheinen, als sie es später tun.
Genau wie das Porzellangesicht auf dem Kinderbett in Kirkby Hall.
Zwei Prozellangesichter, um genauer zu sein,
beide milchweiß und kalt,
als hätte zuvor etwas ihre Sargdeckel gesprengt,
damit sie der schattigen Gruft entsteigen konnten.
Das erste Gesicht gehört einem Spielzeug aus Keramik.
Das zweite Gesicht einem Wesen aus Fleisch und Blut.
Doch dessen Scheintod täuscht.
Die Starre verbirgt ein schlagendes Herz.
Der kleine Muskel arbeitet erst seit sechs Jahren. Er schlägt und hüpft wie ein artiges Tierchen, besonders wenn er sich unbeobachtet fühlt.
Das ungesehene Herz arbeitet in einem Mädchenkörper, dessen Erzeuger dem Geschöpf von Anfang an den Namen Ada Augusta gegeben haben.
Das Mädchen und die namenlose Puppe liegen regungslos da, eine höhere Macht befiehlt es ihnen, im Fall des Mädchens geschieht die Anweisung durch eine gewisse Miss Lamont, die Hauslehrerin, die wiederum auf Geheiß der Mutter ihre Befehle dem Einzelkind überträgt und somit bloß weiterleitet, was ihr übertragen wurde.
Ada muss sich während des Unterrichts in Regungslosigkeit üben.

Ein bewegter Körper stört den Geist,
lautet Mutters These und sie trampelt täglich darauf herum,
als könnte sie ihre Befehle in die Teppiche der Halle treten.
Das Fleisch zerstreut die Arbeit des zarten Gehirns,
erklärt sie, da sie für das Kindergehirn keine andere Aufgabe sieht, als dem Stundenplan zu folgen.
Morgens Arithmetik, Grammatik, Rechtschreibung, Musik und Lesen.
Jede Einheit dauert fünfzehn Minuten.
Abends Geografie, Zeichnen, Französisch, und wieder Musik und Lesen.
Beide Abfolgen hat die Schülerin mit Eifer und Sanftmut zu ertragen.
Miss Lamont sitzt auf einem Stuhl nahe dem Bett.
Fragen schießen aus ihrem Mund, die Ada mit geschlossenen Augen beantwortet.
Die Wurzel aus einundachtzig.
Neun.
Die Wurzel aus hundertsechsundneunzig.
Vierzehn.
Die Wurzel aus dreihunderteinundsechzig.
Neunzehn.
Das Hin und Her erfolgt wie das Ticken und Klicken eines Uhrwerks und die Rhythmik erlaubt Ada nur kurze Intervalle der Abschweifung.
Die Lücken zwischen Frage und Antwort sind winzig, aber sie reichen.
Denn in den Lücken sprießen Blumen, heimliche

Gewächse entschlüpfen dem Gehirn, Auswüchse, die im Windschutz des Erlernten aufblühen.
Aber Ada muss aufpassen.
Bei entsprechendem Einsatz wird sie mit Punkten belohnt. In einem dünnen Büchlein wird ihr Verhalten festgehalten.
Miss Lamont notiert, Miss Lamont zählt zusammen, Miss Lamont vergibt Billets, mit denen die jüngste Dame des Hauses Bücher oder ein Gemälde erwerben kann.
Bei Fehlern oder Zappelei hingegen sieht es anders aus, dann verschnürt Miss Lamont die Kinderfinger in schwarzen Beuteln.
So fesselt sie ihre Fantasie, denn vor Fantasie scheint das Mädchen überzuschäumen, würden die Mutter und ihr Instrument Miss Lamont

es

nicht zähmen, und mit

es

meinen sie dieses Ungeheuerliche,
das doppelköpfig und doppelzüngig
im Kinderkörper schlummert.

Ungeheuer begabt, aber ungeheuer gestört, hatte die Mutter dem Phrenologen Deville den Sachverhalt damals beschrieben, damit ihren Spross gemeint und dabei die Stirn zu einer Leidensfläche verzogen.
Aber Ada hat längst Schleichwege gefunden.
Sie geht mit dem Ungeheuerlichen in ihrem Kopf spazieren, sie blicken zusammen hinter jede Hecke, basteln Maschinen, besprechen Ideen, rennen durch Welten und Zeiten, die den anderen Menschen verwehrt bleiben. Manchmal lassen Ada und das Ungeheuerliche die

strenge Miss Lamont mit einem Zauberspruch durch die Luft fliegen, verleihen ihrem Schädel zwei Teufelshörner oder befehlen ihr zu hüpfen wie ein gequälter Frosch. Meistens aber grübeln das Ungeheuerliche und Ada an der Lösung von Rätseln, die ihr in der Realität begegnen.
Und davon gibt es in Kirkby Hall genug:
Etwa das Rätsel über dem Kamin im Wohnzimmer. Das große Gemälde, das bloß seinen Umriss zeigt. Mit grünem Samt ist das Eckige verhüllt.
Die Decke verdeckt ein Abbild, die Kopie von etwas, das Ada nicht sehen soll.

Und trotzdem hängt es da – warum?

Mit jedem Tag scheint der Samt dicker zu werden, täglich fleht das Verborgene lauter, endlich entdeckt zu werden, bettelt und ruft mit seinen Geheimnisreizen nach dem Kind.

Ada, Ada, Kind, enthülle mich, spürst du nicht,
wir sind eins und eins und uns in vielem gleich:
Ich bin das Geheimnis,
das die Mutter schuf, die dich schuf,
und du bist ein Geheimnis,
das die Mutter schuf, weil sie dich schuf,

so rhythmisch klagt von oben das Gemälde, das eigentlich ein Porträt ist.
Denn so weit kann das Kinderhirn längst kombinieren und verbindet dieses erste Geheimnis gar mit einem zweiten, auf das sie während ihrer Lese-Einheiten gestoßen war.

Wie kommt es,

fragt sich Ada seither,

wie kommt es, dass in den Geschichten und
Büchern alle Mädchen einen Vater besitzen,
nur ich nicht?
Es ist schlicht nicht möglich, und es entbehrt
jeder Logik, die sie mir doch gerade so sehr
beizubringen versuchen,

flüstert Ada dem Ungeheuerlichen zu,
kaum hat Miss Lamont das Studierzimmer verlassen,
aber am liebsten formuliert sie ihre Skepsis in Gedanken, so fest fürchtet sie die Reaktion der Mutter, wenn sie hörbar danach fragte. Wie ein Schwall Wasser stürzten dann die Worte aus der Befragten heraus,
die kälteste Antwort, die sie erzittern und stundenlang frieren ließ, sie manchmal sogar mit Fieber ans oder eher ins Bett fesselte.
Ada braucht nicht mehr zu fragen.

Mutters Zorn ist mir Antwort genug.

Sie spitzt ihre Lippen. Das Ungeheuerliche spitzt mit.
Und ein Kirchenlied formt seine Melodie über den Mund.

Befiehl du deine Wege
und was dein Herze kränkt
der allerteuersten Pflege
des, der den Himmel lenkt.
Der Wolken, Luft und Winden
gibt Wege, Lauf und Bahn,
der wird auch Wege finden,
da dein Fuß gehen kann!

Da tritt die Mutter mitten ins Lied.

Das Singvögelchen lässt seinen Schnabel sehr
frei gewähren,

sagt sie halb lobend, halb tadelnd.
Ihre Mutterlocken liegen gezähmt am Kopf. Spangen und Kämme helfen der Ordnung. Die Puffärmel sind üppig, die Taille ist schlank. Das Kleid sitzt rundum korrekt, wie es sich für eine Baroness von Rochdale gehört.

Eine Milbanke überlässt nichts dem Zufall,
weil es keine Zufälle gibt,
es gibt nur Kontrolle,

wiederholte die Mutter gerne wie ein Gebet,
und ohne Vorwarnung legt sie nun ihren Zeigfinger auf den Kindermund.
Adas Verstummen lässt sie lächeln.

Liebes, Vögelchen, ich werde Miss Lamont bald ein Zeugnis ausstellen. Sie wird uns verlassen.

Ada schweigt. Sie wagt es nicht nachzufragen.

Weil du ihr entgleitest,

erklärt die Mutter ungefragt.

Mit Schmeicheleien und Überreden kommt man deinen unbeherrschten Neigungen nicht bei.
Du benötigst radikale Heilung.
Hörst du das nicht?
Selbst dein Gesang ist übersättigt von Leidenschaft.

Das Kind schweigt.
Das Ungeheuerliche wälzt sich in Position.
Die Mutter macht weiter.

Ich werde die Musik-Lektionen für einige Wochen streichen.

Das Ungeheuerliche reckt seine Glieder,
spannt die Muskeln.

Keine Harfe und kein Gesang mehr.
Etwas Monströses fährt seine Kinderkrallen aus und hebt die Pranke.
Mutter,
beginnt Ada auf Geheiß ihres Komplizen,
ich glaube, ich besitze eine sehr schöne Stimme, und es wird mir durchaus möglich sein, schöner zu singen als Ihr.
Ein schrilles Lachen durchsticht den Raum.
Du dümmliches Vögelchen!
Das spricht doch gegen das schöpferische Prinzip.
Warst du es etwa, die dir deine Stimme verliehen hat? Ein Kindervogel singt nie schöner als der Muttervogel.
Ada liegt einfach da.
Die Gedanken des Mädchens aber reagieren,
sie rennen und toben, sie schreien, verwerfen die Arme,
die Beine tanzen und zertreten der Vogelmutter die eingeschnürte Hüfte, dass alles knackt und bricht.
Oh, ich habe verstanden, Mutter,
sagt Ada ohne Regung
und streichelt dem Ungeheuerlichen sanft übers Fell.
An ihrem Bett steht noch immer die Mutter,
sie steht über ihr und glaubt gerade durch und durch das zu sein, was sie ohne Widerspruch sein will:
eine Übermutter.
Aber über der Übermutter steht immer noch eine Mutter,
weiß Ada: die Überübermutter.
Wobei Mutterschaft keine gestapelte Sache sein kann,

grübelt sie.

Viel eher ins Innerliche geht die Angelegenheit,
da jede Mutter schließlich aus der Gebärmutter
einer anderen Mutter geboren wird,
ein Schachtelsystem also,
tiefer und tiefer ins Verwandte,
in den Ablauf Mensch hinein.
Hülle um Hülle um Hülle ...

Und Ada denkt dabei an Großmutter Judith, die noch mehr als sie von einem Fluch ans Bett gefesselt ist – und zwar an ein finales Bett, das ihr zum Sterben bestimmt wurde. Die Überübermutter wird gehen, sie wird ihre irdische Schicht beenden, ihre Hülle ablegen, sich häuten wie eine Zwiebel und so ihrer Tochter und der nächsten Mutter einer Mutter die äußerste, älteste Position überlassen.

Sterben ist eine kuriose Sache,

erkennt Ada,
als sie nur Tage später nach der zerlebten Hand der Überübermutter greift,
sie zur Begleitung hält, als führte sie die Liegende Richtung Tod.
Doch zuvor wirft der Geist alles ab, entledigt sich aller aufgestauten Lästigkeiten, die für die weitere Reise nur Ballast bedeuten.
Kurz vor ihrem Lebensende, das im Prinzip bloß eine weitere Unbekannte ist, erkennt die Überübermutter die Sinnlosigkeit von auferlegten Regeln und bricht sie mit den wenigen Atemzügen, die ihr noch bleiben.
Ihre letzte Luft benutzt sie gezielt zur Lüftung jenes Geheimnisses, das so schwer im Herzen der Enkelin liegt.

Die trockenen Lippen formen ein Flüstern.

Ada, Kind, hinter dem Samt über dem Kamin, da prangt das Bild deines Vaters,

haucht die Alte ins Ohr der Jüngsten.

Alle Welt kennt ihn als Lord Byron, Kind – und du bist ihm ähnlich, zu ähnlich, die Vermessung deines Schädels hat solches leider ergeben, und die Phrenologie lügt nie, gewiss, Byron, er ist ein großartiger Dichter, aber ein schlechter Mann. Er lebt, soviel ich weiß, in Pisa am Mittelmeer. Aber Kind, du sollst ihn vergessen, hörst du, denn keineswegs sollst du seine verächtliche Überschwänglichkeit annehmen,

diesen Irrsinn, der in jeder Fantasie zu wohnen scheint ...

Der Mund der Großmutter bewegt sich immer noch. Doch seltsame Laute entschlüpfen ihm nun, als entflöhen sie einer Resonanzmaschine, als läge unter dem Brustkorb eine pumpende Orgel, die sich mit metallischen Klängen auszudrücken versucht.

Einem Gebläse gleich stößt die Lunge die zeratmete Luft hinaus, zieht im Anschluss einen Atemzug hinein – und beendet hier plötzlich ihre Arbeit.

Etwas Lebloses erfasst den Körper.

Aber es verhält sich wie ein Trugschluss, als sei das Starre bloß etwas Vorübergehendes, Schlaf vielleicht.

Ada blickt hinunter auf das Fleisch. Es ist ihr einerlei. Genau wie die letzten Worte, die es formte, denn Ada weiß:

Warnungen funktionieren nie.

Und sie entscheidet, umso mehr Unerhörtes zu denken.

Schließlich kann niemand ihre Bestien sehen,
aber sind sie einmal hübsch genug und sprechen klug genug, gibt es bestimmt jemanden, der sie ansehen oder anhören mag.
Wie dieses Gebilde, das sie zusammen erschaffen werden.

> Morgen beginne ich heimlich mit den ersten Prototypen, die leichten Papierflügel zuerst.

Beschließt sie und spaziert durch ihre Pläne.

> Ein Geschöpf wie der Körper eines Pferdes.
> Darin aber befindet sich eine Dampfmaschine, die ein gewaltiges Paar Flügel bewegt.
> Damit fliegt das falsche Tier hoch in die Luft.
> Und auf dem Rücken sitzt ein Mensch.
> Meine Ideen zur Fliegologie sind weit gereift.
> Ich werde die Sache bis zur Perfektion treiben und so der Menschheit endlich das Fliegen ermöglichen!

So geht Ada ihre weiteren Schritte, obwohl sie zum Liegen verdammt ist.

Die Disziplin beim Stillliegen scheint über lange Zeit verbessert,
während sich im heranwachsenden Kinderkopf die Disziplin löst –
dies geschieht, nachdem aus Ätolien die Nachricht vom Tod des Vaters kommt. Der Dichter sei gefallen, wobei Fallen hier nichts anderes als Sterben bedeutet. Er, den es für sie nie gab, ist nicht mehr da. Seither hängt das samtverhüllte Gemälde noch trauriger über dem Kamin.

Und es geschieht mehr, seit sie mit der Übermutter den Kontinent bereist und dabei Erstaunliches entdeckt: mechanische Meisterleistungen wie Dampfschiffe, Laufmaschinen und neuartige Webstühle, die ihre Abläufe von geschickten Lochkarten ablesen. Schlaue Männer haben das Stoffmuster gleichsam als Plan in Karten gestanzt, haben so ein Abbild ihrer Befehle geschaffen, nach denen die Maschine mit Präzision vorging.
Und es geschieht noch mehr, seit eine Rötelerkrankung dem Mädchenkörper einen bösen Streich spielt, ihre Beine diesmal tatsächlich lähmt, die Muskeln ins Dünne frisst, die Augensicht schwärzt und den Kopf ohne Unterlass hämmern lässt.

Da liegt sie nun.
Schon wieder.
Als gelte es, ihre Bewegungen auszugleichen aus Rache für die vielen Reisen.
Oder als hätte sie das Stillstellen so gut geübt, dass ihr körperliches Wesen nun an eine Verwechslung glaubt und die Imitation zur Gänze übernimmt,
so sehr, als schlüge selbst das Herz in ihrer Brust nicht mehr, so scheintot liegt sie da.
Ada sehnt sich nach jedem Bissen, nach jeder Neuigkeit und jedem Wissen, das seinen weiten Weg bis zum Landsitz im Norden findet.
Bloß in Bruchstücken erfährt sie von der Welt da draußen, von Wetterlagen, Warenimport und Wissenschaft.
Und über Umwege erfährt sie vom Leben des Vaters.
Sie hört von seinen Reisen durch die Alpen und ans

Mittelmeer, von seiner Bestimmung als Freiheitskämpfer und Dichter, von seinen romantischen Gedichten und seiner Vampirgeschichte, die gar nicht aus seiner Feder sein soll.
Sie erfährt von den Geschehnissen in der Genfer Villa Diodati, wo die schreibende Hexe Shelley ihre Schreckensgedanken aufzuschreiben begann und es tatsächlich wagte, das Monströseste aus ihrem Frauengehirn zuerst auf Papier und schließlich zum Leben zu bringen.
Und hinter vorgehaltener Hand erfährt sie von den Eskapaden des Vaters, die alle Furien auf Fordhook – diese verlogenen Freundinnen der Übermutter – mit erhöhter Stimme gerne als:

Byron'sche Tendenzen!

bezeichnen und nicht mit detaillierten Schilderungen sparen.
Wie Ada verstand, gehören zu diesen Neigungen, dass er nicht bloß mit Frau und Mann, sondern auch mit der eigenen Schwester das Bett geteilt haben soll.

Wobei mit Teilen mehr als das Teilen eines Möbels gemeint ist,

kichert Ada und bebildert sich aus Belustigung,
wie unter der Bettdecke mit atemloser Anstrengung
ein Dividend durch einen Divisor geteilt wird,
woraus wundersam ein Quotient resultiert.

Dabei ist das mit der Zeugung damals ganz anders verlaufen,

flüstern die Furien, wenn sie Ada abgelenkt glauben,

Lord Byron nahm Lady Byron damals nach einer ereignislosen Kutschenfahrt im Wohnzimmer auf dem Sofa.

Ungestüm und schnell
und noch vor dem Abendessen.
Jederzeit hätte die Dienerschaft den Raum betreten
und die Herrschaften in flagranti entdecken
können.

Dabei klingen die blumigen Berichte der Furien mehr nach Begeisterung als nach Abscheu, findet Ada und versteht diesen Widerspruch nicht.

Und versteht ihn doch.

Es hat etwas mit dem Unterschied
zwischen innen und außen zu tun,

vermutet sie.

Aber da liegt sie nun.

Von Fieber geplagt. Das Gehirn rasend.

Und die Beine bewegungslos.

Mir muss doch zu helfen sein,

hofft Ada und studiert dabei auf dem Krankenbett ihre Körperbestandteile, die vor allem aus schlaffen Extremitäten bestehen.

Durch Galvanismus, durch Elektrizität,

erkennt Ada.

Das verursacht Kontraktionen und ein Zucken
der Muskeln.

Was im Experiment mit leblosen Froschschenkeln gelang,

ließe sich sicherlich auch auf ihre Mädchenmuskeln übertragen.

Gezielte Stromstöße brächten ihr die Kraft, die Bewegung bestimmt zurück.

Und der partielle Scheintod wäre überlistet.

Wenn es die galvanische Tierelektrizität gibt,

gibt es auch die galvanische Menschen-
elektrizität,

schlussfolgert Ada und stellt sich vor, wie ein heftiger Lebensblitz durch ihr Gehirn und Gerippe strömt.

Dafür brauche ich bloß etwas Messingdraht und
eine Batterie in Form einer Rittersäule ...

plant Ada und bremst ihr Erfinden, weil sie weiß:
Dieser Lebensfunke könnte eine Gefahr bedeuten für die inneren Bestandteile ihrer selbst, vor allem aber für ihre Flüssigkeiten oder wie Übermutter es nannte:

Dein elendes Blut.

Ada hat viel davon. Zu viel.
Es wallt und pulsiert durch den kleinen Körper.

Es ist dämonisch, Vögelchen,

sagt die Übermutter jedes Mal, wenn der Doktor mit den Blutegeln zum Aderlass ansetzt. Das sanguinische Liquid weitet die Gefäße, die anormale Blutzufuhr lässt die Organe anschwellen, vor allem jene gewissen Organe im Unterleib, die den weiblichen Irrsinn nähren.

Eine Fehlfunktion, Vögelchen,

erklärt die Mutter und der Doktor zieht mit der Pinzette die grünbraunen Würmer von der Haut, wo sie rote Saftflecken hinterlassen.

Da ist also ein Fehler in mir,

denkt Ada. Dabei sieht sie die Schuld nicht im Blut.
Es ist dieser freie Geist, der sie bewohnt.
Er verursacht Effekte am und im Leib, so sehr, dass Ada manchmal denken möchte, der Mädchenkörper sei bloß eine Maschine, die von einem zweiten, fremden Denken bedient wird.
So passiert es etwa, wenn ihr Ungetüm das Geflüster der

Furien bebildert, wenn es die Vorstellungen wandern
lässt, in fremde Länder, fremde Villen,
die in einer hügeligen Landschaft stehen,
wo unter einem Dunkelhimmel voller Rußpartikel
alles einem gespenstigen Regen ausgesetzt ist.
Gewitter strömen aus grauen Wolken, als hätte weit im Osten ein Vulkanmonster seinen Atem aus Asche in die Welt gespuckt, der nun alle Junitage verdunkelt und so fest verfinstert, dass sich sogar die Sommergäste in den Alpen ihrer Langeweile und ihren Gruselgeschichten hingeben müssen. Darunter mischen sich Schilderungen von Brüsten, Brustwarzen, die zu starrenden Augen mutieren und mit Pupillennippel in die Runde glotzen.
Das Morphium gebiert Trugbilder und schürt gleichzeitig die Glut in den Organen. Es entspringen ganze Orgien aus Fantasien, ein Reigen aus Liebkosungen, Küsse in Endlosschlaufen, Lippenkontakte zwischen Mann und Frau, zwischen Mann und Mann, zwischen Frau und Frau, zwischen Bruder und Halbschwester, zwischen allem Lustvollen und Lebendigen, das sein Wollen lebt – und auslebt, wie es Ada seit jeher verboten bleibt.
Nicht aber ihrem Inneren.
In regelmäßigen Abständen erzeugt etwas die kuriosesten Kontraktionen im Unterleib, und es tut dies geschickt, geradezu versteckt hinter der Heimlichkeit des unbeweglichen Mädchenkörpers, oder wenn man will:
Das Bestialische geschieht ausgerechnet im Schutze jenes Gehorsams, den ihr die Übermutter und ihre doppelzüngigen Freundinnen eingeimpft haben. Und lange Zeit reichte dieser verhüllte Rausch.
Bis er kam.

Der junge Herr Lehrer wird dir bei sprachlichen und mathematischen Fragestellungen eine Hilfe sein, er wird dir bei jeglichen Studien assistieren,

stellt die Übermutter den Sohn eines Bekannten vor, und der kleine Hilfslehrer klopft galant auf den Bücherstapel, der vor ihm liegt.

Seither entlässt Ada ihr Ungeheuerliches in gezielten Portionen,

steuert das Leibliche mit gewollten Blicken, mit kurzen Berührungen,

wenn er ihr etwa ein Heft reicht oder ein Buch zurückgibt.

Bald folgen auf jede gelöste Aufgabe mehrere jugendliche Plaudereien.

Es scheint mir sehr gewiss, Ada, Ihr Verständnis um die Kombinierbarkeit von Zahlen ist überaus gewachsen,

und es scheint mein Wissen bald zu ...

Er stockt.

Überwältigen?

fragt Ada und meint damit alles, was sie nur meinen kann,

und denkt dabei an alles, was sie ansatzweise sehen kann,

seinen Oberkörper, die schlanken Arme, seine geraden Beine und alles dazwischen, vor allem aber seinen hellen Hals, auf dem sich sein Venenfluss schlängelt und in gewissen Momenten aufquillt – und zuletzt sein scheues Gesicht, dem sie sich zu jeder Tageszeit mit jedem Teil ihrer Mädchenmaschine nähern will.

Nun,
zögert er und findet erst nach einer Weile die passende Zweideutigkeit seiner Worte,

da hätte ich nichts dagegen einzuwenden.

Dem Mädchen entgleitet ein Kichern.

Um die aufkommende Ausgelassenheit zu umgehen, berichtet er schnell von seinem Besuch in London letzte Woche, im Besonderen von den Märkten, Gauklern und Schaustellern an der Themse.

Mit gestalteter Stimme schildert er, was er dort Sonderbares sah:

Stellen Sie sich vor, Ada, ich schlenderte an den Attraktionen und Verkaufsständen entlang, bis ich am Ende des Marktes etwas ganz Ungewöhnliches entdeckte. In einem Stoffzelt hatte ein älterer Schausteller eine Konstruktion aufgebaut, die man sonst nur in teuren Hotels oder auf wissenschaftlichen Ausstellungen zu sehen bekommt.

Da saß ein kleines Puppenfräulein am zierlichen Tisch.

In der Holzhand hielt es eine Gänsefeder und damit schrieb das Geschöpf unaufhörlich, Zeile um Zeile auf ein Blatt Papier, das ihr unser Gastgeber auf den Tisch gelegt hatte.

Das Fräulein schrieb tatsächlich!

beteuert er und kann sein Entsetzten nicht verbergen.

Der kleine Kopf schien modelliert, aus Holz vielleicht, aber in seiner Mitte bewegten sich zwei Glasaugen, sie fuhren hin und her, sie folgten dem Geschriebenen Wort für Wort und sie taten dies auf so geisterhafte Weise, dass mich ein plötzliches Schaudern erfasste.

Ein gewisser Herr Jaquet-Droz soll diese Irritation zusammen mit seinem Sohn entwickelt haben, aber ich kann Ihnen bestätigen, Frau Ada, da war kein Mechanismus sichtbar – stattdessen trug das kleine Fräulein sehr hübsch geschneiderte Kleider, und darunter glaubte ich gar ein richtiges Atmen zu erkennen.

Ich bin mir sicher, dem Wesen muss nicht nur ein feiner, ja menschenähnlicher Antrieb innewohnen, sondern auch ein höchst erstaunlicher Wille.

Er schweigt.

Und dem Mädchen entgleitet ein zweites Kichern, doch diesmal durchaus erregter.

Vögelchen!

Die Furie Miss Doyle sticht in die Stille des Zimmers.

Was sind das für Abschweifungen und Plaudereien?!

Ich bin mir sicher, Ihre werte Frau Mutter gestattet solche Fantasien in keiner Weise, sie sind den Studien unförderlich. Raus!

Ihr Zeigefinger deutet der Gescholtenen den Weg, der durch die Tür, den düsteren Flur und unter den Gemälden der Ahnen vorbeiführt.

Doch das Raubtier fasst in Windeseile einen Plan, den die Frauenhand mit derselben Geschwindigkeit auf einen Zettel kritzelt.

Ada dreht auf den Fußsohlen um, wechselt den Weg und betritt nur ein, zwei Minuten später das Studienzimmer erneut.

Verzeihung, Miss Doyle,
spielt die Mädchenmaschine mit Kälte,
ich habe meine Bücher vergessen,
lügt Ada in den Raum hinein und greift auf dem Beistelltisch nach Euklids geometrischen Lehrsätzen. Dabei steckt sie den dünnen Männerfingern einen Zettel zu, worauf ihr Wunsch so klar formuliert stand,
als hätte sie ihn gleichsam als Befehl in eine Lochkarte gestanzt:
Heute. Mitternacht. Seitengebäude.
Und so geschieht am selben Tag um Mitternacht beim Seitengebäude exakt das, was Ada zuvor aufgeschrieben hatte.
Er ist da. Und sie ist da.
Das heißt: Er ist gekommen. Und sie ist gekommen.
Der Mond scheint schwach. Die Hauswand schützt ihre Gemeinsamkeit mit ihrem Schatten. Die Aufregung fährt dem Hilfslehrer bald in Arme, Beine, Mund.
Doch Ada verbietet ihm zu reden. Sie streicht ihm zur Beruhigung über den Hinterkopf. Sie drückt sich an ihn, gegen ihn, dann auf ihn.
Und zum ersten Mal überhaupt sind Adas Kopfwünsche mit den Körperwünschen gleichgeschaltet.
Das Ungeheuerliche feiert diese Harmonie.
Es schnaubt und übernimmt die Leitung.
Es tobt und greift über auf den Überwältigten.
Und plötzlich versteht Ada:
Sich ganz selbst zu sein heißt auch
ganz mit und im Ungeheuerlichen zu sein.
Und das kann nicht gut gehen, weil ich sonst
nichts anderes tun

oder nichts anderes mehr sein will.
Ich bin diese Naturgewalt.
Deswegen verlangt alles nach diesem Scheinleben.

Sie senkt den gehobenen Rock und schickt beim ersten
Verdachtsgeräusch den Lehrer nach Hause,
um ihn nur zwei Tage später wieder herbeizurufen,
um dort weiterzumachen, wo sie aufgehört haben,
um schließlich noch weiterzugehen,
um mehr zu verstehen oder
um das Körperhaustier zu füttern,
damit es sich vergrößert
und noch ungeheuerlicher wird,
bis sie davor erschrickt, den Lehrer wieder wegschickt,
um ihn nur einen Tag später wieder herbefehlen zu können.
So verbinden sich Sätze wie Verhaltensmuster.
Glied um Glied,
Lasche um Lasche,
bis jemand von dieser Befehlskette Wind bekommt.
Kurz: Es kommt zur Eskalation, zur Strafpredigt, zur Abwendung eines offenen Skandals.
Die Übermutter erhöht ihre Strenge und schiebt das Verhalten – obwohl es durch und durch in Adas Kopf entsprungen war – lautstark auf die Neigungen des Vaters, denn nur sie können im Sprössling jene Verfehlung ausgelöst haben. So gilt das schöpferische Prinzip.

Da ist ein Fehler in dir!

zürnt die Übermutter.

Versteh das doch, es ist meine Aufgabe als Mutter,
dich vor dir selbst zu schützen,

sagt die Vorgesetzte und ersetzt in Gedanken die Musikstunden mit noch mehr Mathematik, worauf Ada nach außen zwar Besserung gelobt,
heimlich hingegen mit Naserümpfen reagiert.

Ich wurde nicht zum bloßen Selbstzweck geboren,

denkt Ada feierlich, und ihre Bestie hebt bestätigend die Pranke.

Die Zukunft hat große Dinge mit mir vor
– oder umgekehrt!

ergänzt das Unzähmbare in ihr und wartet nur auf die nächste Gelegenheit.
So erstaunt es nicht, dass diese Zukunft bereits im kommenden Juni im Jahre 1833 auf einer Party richtig beginnt – falls sie nicht schon längst begonnen hatte.

Doch der Fokus gilt nun zusehends einem anderen Organ.
Ada treibt die Selbstbeherrschung ihres Intellekts weiter voran.
Mit Studien zügelt sie ihr Blut und dessen Ausraster und verlagert den Freiheitsdrang in andere Bahnen, klare Bahnen.
Dabei bietet ihr die erste Saison in der Hauptstadt eine ungeahnte Gelegenheit.

London stinkt,

registriert Ada und zieht ihre Nase hinter das Kutschenfenster zurück.
Vergeblich sucht sie am Flussufer nach den Zelten der Schausteller.

Der Frühsommer schickt seine neue Wärme über die Themse und verbreitet den Kloakengeruch in allen Gassen. Weit abseits davon betritt die Siebzehnjährige etwas später den Salon der Königin, um beim Übergangsritual und vor aller Augen ihre obligate Verbeugung zu machen.

Den anschließenden Empfang hat sie mit Fassung zu erdulden.

Im Salon wimmelt es vor Wissenschaftlern, gelehrte Männer stehen neben neugierigen Frauen, die sich allesamt wie gepuderte Marionetten durch den Raum schieben.

Wie Vaters Vampire, gierig,
auf der Suche nach Verderben und bösem Blut,

denkt Ada und schmunzelt über die blassen Gestalten, die wie Hyänen durch den üppigen Salon tigern.

In Wirklichkeit drängen sich die Gäste brav um die diversen Ausstellungsobjekte.

Die Soiree ist vielversprechend,

spürt Ada,

aber sie ist es ausschließlich
dank der Konstruktionen,
und keineswegs dank der Besucher, die für die vielen Meisterwerke bloß dümmliche Gesichter übrighaben.

Dann entdeckt sie es:
Das Wesen dreht sich.
Es vollführt Pirouetten,
es schimmert, es steht auf einem Bein
und tut alles, was es tut, immer und immer wieder,
ohne Ende und ohne Anfang – im Kreis.
Eine Tänzerin. Voller Eleganz und Schönheit,

aber vor allem mit einer erstaunlichen Bewegungspräzision,
als läge ihr ein verborgener Antrieb zugrunde,
eine anbefohlene Verhaltensweise,
die sie tun und tanzen ließ, was sie tat und tanzte,
weil jemand sie mit Absicht dazu angestiftet hatte.
Ada geht näher heran.
Sie studiert die Makellose.
Dann steht er neben ihr.
Dem Mitglied der Royal Society ist Adas Gesichtsausdruck nicht entgangen.
Stolz lässt ihn auf den Fußsohlen wippen.

Sie scheinen Gefallen zu finden an meiner Silver Lady?

fragt der Herr und faltet die Hände hinter dem Rücken.

Gewiss! Doch verzeihen Sie meine zu offensichtliche Neugier, ich wollte mich damit nicht vordrängen oder mich wichtigmachen.

Die Argusaugen der Mutter beobachten das Vögelchen aus der Distanz.

Sie ist sehr hübsch, nicht wahr?

kokettiert der Herr.

Sie ist viel mehr als das!

entgegnet Ada zu schnell,
doch bevor sie sich für ihr Vorlautes entschuldigen kann,
verbietet ihr das Gegenüber jede Zurückhaltung:

Sondern?

Adas Stimme sinkt ins Sachliche:

Die Konstruktion ist komplex. Der Apparat funktioniert auf geschickte Weise – ich vermute,
der Antrieb ist gänzlich in diesem Sockel unter-

gebracht, ein Federwerk, das die Antriebsenergie
für die Drehung speichert, sie muss wohl mit
einem Schlüssel aufgezogen werden?

Die schmalen Lippen ihres Gegenübers formen ein Lächeln.

Darf ich mich vorstellen, Charles Babbage,

sagt der Erfinder und greift nach der knochigen Frauenhand.

Ada deutet einen Knicks an.

Ada Augusta Byron,

sagt Ada und freut sich zu früh, als Babbage sagt:

Darf ich Ihnen noch etwas zeigen?

und sie ohne Hintergedanken Richtung Nebenzimmer zieht, denn:

Vögelchen, willst du mir den galanten Herrn
nicht vorstellen?

Die Übermutter unterbricht den Ausflug mit ihrer höflichen Frage.

Obwohl Mister Babbage kaum vorgestellt werden
muss.

Babbage nickt und kontert die Intervention gekonnt.

Lady Byron, hocherfreut, und auch Sie müssen
durchaus nicht vorgestellt werden.

Das Ungeheuerliche zelebriert die Schadenfreude.
Dieser Stachel saß, die Eskapaden ihres Vaters sind niemandem entgangen, berichteten die Boulevardzeitungen doch mit regelmäßiger Freude darüber.
Doch Babbage bleibt ganz Gentleman und ändert sein Vorhaben.

Mit großem Vergnügen lade ich die Damen, Frau
Mutter und Tochter, kommenden Montag zu mir

ein, um eine ganz neuartige Maschine aus der
Nähe und,
er räuspert sich,
in Ruhe zu betrachten.
Adas Neugierde hüpft.
Das Vergnügen liegt ganz auf unserer Seite,
Mister Babbage,
wir fühlen uns sehr geehrt von dieser Invitation,
antwortet sie mit einer Geschwindigkeit,
die der Übermutter ein Ablehnen verunmöglicht.
Die Einladung gilt.

In einer Gesellschaft, die aus reinen Überwachungsgründen verdoppelt wurde, begeben sich Ada, die Übermutter und das befreundete Ehepaar Sophie und Augustus De Morgan am nächsten Montag zu Mister Babbages Anwesen.
Erneut reagieren die anderen mit ratlosen Gesichtern,
als der Erfinder ihnen zuerst seine Begeisterung
und dann eine lebensgroße Maschine offenbart.
Das Konstrukt gleicht einer Säule, menschengroß, aber aus miteinander verbundenen Achsen, Rädern und Scheiben, an deren Rändern die Felder mit den Ziffern null bis neun versehen sind.
Dezimalzahlen ...,
Blitze durchzucken Adas Kopf,
und die Dezimalzahlen verbinden sich vertikal von oben nach unten, die Achsen addieren sukzessive den Wert der folgenden Säule hinzu ...

Charles Babbage nutzt das Abflachen des anfänglichen Raunens, um als Gastgeber das Wort zu ergreifen.

Meine Damen und Herren, ich nenne es ...

Differenzmaschine?

fragt Ada forsch und bereut das Wortentgleiten sofort. Böse Blicke kommen von der Überwachungsgruppe, doch Babbages Sympathie für die vorlaute Dame wächst. Bald nimmt er sie zur Seite, um ihr Vertrauliches zu berichten.

Frau Ada, ich sehe, Sie haben großes Verständnis für diese Art von Maschinen. Vielleicht interessiert es Sie zu erfahren, dass ich derzeit eine zweite Rechenmaschine plane, die sowohl der Division und Multiplikation wie auch der Addition und Subtraktion gewachsen ist. Und ich denke darüber nach, die Befehlseingaben wie Muster und durch Lochkarten zu steuern ...

Wie die Webstühle,

wirft Ada ein

und Babbage freut sich über das schnelle Verständnis.

Exakt! Noch fehlt mir zur Umsetzung das nötige Geld, aber die ersten Pläne sind vorhanden. Ich werde sie die Analytische Maschine nennen.

Die Vorstellungskraft katapultiert Ada durch die Lüfte, sie fliegt.

Eine Denkmaschine!

säuselt sie,

und die Begeisterung entlädt sich in einem Kindeskichern.

Und diesmal ist es um Ada geschehen:

Von Frauenkopf bis Frauenfuß stürzt sie sich auf Lehr-

sätze und Formeln. Stundenlang verbringt die Denkerin hinter Papier und Büchern.
Und obwohl Frauen der Zugang zu Universitäten und Bibliotheken verboten ist, findet sie über Umwege zu ihrem Unterricht. Bekannte bringen ihr Lehrschriften und Modelle für die Heimstudien. Mit angemessener Zurückhaltung schreibt Ada täglich Briefe an einen gewissen Dr. King, später an den Begleitdackel Mister De Morgan, die ihre Detailfragen beantworten sollen.
Sie will mit ihrem Verbündeten Babbage auf Augenhöhe bleiben; oder ihn bald um ein Sanftes überragen.
Dieses gierige Treiben lässt die Übermutter gewähren, da sie in ihrer Logik glaubt, die Mathematik fördere die Selbstbeherrschung und zügle alle sexuellen Gelüste.
Ansonsten sieht sie durchaus eine große Sinnlosigkeit in den Bemühungen ihrer Tochter.

> Sie hätte das Zeug zu einer mathematischen Forscherin,
> vielleicht sogar von oberster Klasse und Qualität,
> wäre sie nur ein Mann,

teilt De Morgan auf Nachfrage – aber viel mehr aus einer persönlichen Frustration heraus – mit
und erntet mit dieser Einschränkung ein ernstes Nicken.
Ada hingegen sind diese Unmöglichkeiten einerlei.
Weder die Hochzeit mit dem Earl of Lovelace
noch die drei Geburten hindern sie daran,
ihren ungeheuerlichen Hunger zu stillen.

> Ich erkenne verborgene Dinge
> und sehe sie durch eine Brille aus
> Philosophie, Wissenschaft und Poesie,

grübelt Ada und vergisst dabei gerne den Durst der eigenen Nachkommen.

> Im Grunde meines Herzens bin ich Kindern nicht sonderlich zugeneigt, da wohnt etwas anderes, Mächtigeres in mir,
> das viel mehr von meiner Anteilnahme und Liebe verdient hat,

notiert sie und hofft damit, das lästige Geschrei und Geweine aus dem Nebenzimmer wegzuschreiben.
Außerdem tragen die Kinder eine Teilschuld; an den Krämpfen, am bräunlich roten Blut, das jeden Morgen ihr Nachtkleid und Laken färbt, wie wolkige Tropfen oder das Geschmier am Abendhimmel über einer fremden Stadt.
Die Ärzte lassen nach ihren Besuchen bloß Diagnosen im Hause zurück – Asthma, Schwindel, Nervenzusammenbruch, Hysterie – und nehmen dafür die vollgesaugten Blutegel wieder mit.
Was die Herren Doktoren hingegen nicht sehen können:
Etwas Höheres hat von ihr Besitz ergriffen –
höher als sie,
höher als die Übermutter,
höher als die Natur.
Die Flut von Formeln, Tabellen und Modellen sind der Auslöser für Visionen, die das Frauengehirn von früh bis spät heimsuchen.

> Intuition, Logik, Konzentration,
> alles nur Intuition, Logik, Konzentration ...

versucht Ada sich einzureden – vergeblich:
Das Ungeheuerliche erfindet Dinge und platziert sie auf der dunklen Seite des menschlichen Herzens.

Und im Zentrum des Erdenklichen thront Babbages
zweite Maschine.
Jenes mechanische Juwel,
das hinter seinem metallischen Schimmern unzählige
Möglichkeiten versteckt,
die niemand sonst wahrnimmt,
die von der Welt aber eines Tages gehört und gesehen
werden.

> Ich bin fest entschlossen,
> über eine zukünftige Verbindung
> zwischen uns nachzudenken,

schreibt Ada dem Erfinder und meint damit ihre Hilfe bei der Umsetzung seiner Pläne. Sie plant, der Konstruktion zu öffentlichem Ansehen zu verhelfen, um so die Finanzierung zu sichern.
Nach einem regelmäßigen Hin und Her aus Treffen und schriftlicher Korrespondenz findet Babbage schließlich einen Weg, die Autodidaktin in sein Vorhaben einzubinden. In einer Fachzeitschrift erscheint ein Artikel über die Analytische Maschine. Ada soll den Text vom Französischen ins Englische übersetzen.

> Sie sind beider Sprachen mächtig und kennen
> außerdem das beabsichtigte Wesen meiner
> Maschine,

erklärt Babbage
und wünscht von seiner Komplizin noch Mutigeres:

> Fügen Sie der Abhandlung Ihr Wissen über die
> Maschine hinzu.

Und das tut sie.
Und wie.
Beziehungsweise: und wie weit.

Frau Ada Augusta Lovelace schreibt
und schreibt tatsächlich,
als wohnte ihr ein teufelsähnlicher Antrieb inne.
Und bald ufern ihre Erläuterungen weit über die übliche Länge hinaus,
umfassen nahezu das Dreifache des bisherigen Artikels,
denn darin enthalten sind nebst Erklärungen auch
eine Tabelle zur Berechnung der Bernoulli-Zahlen –
und ein akkurates Befehlsprogramm für die Maschine,
um eine implizit gegebene Funktion zu berechnen,
ohne dass sie vorher von Menschenhand eingegeben worden ist.

> Die Analytische Maschine webt algebraische Muster,
> so wie der Jacquard-Webstuhl Blätter und Blüten webt.

Die Obsession zur Maschine wächst.
Und Adas Gedanken ziehen weitere Kreise.

> Niemand besitzt auch nur die Hälfte meiner Vorausahnungen.
> Ich sehe alle möglichen Eventualitäten,
> wahrscheinliche und unwahrscheinliche,

beschreibt sie ihre Visionen.

> Der Operationsmechanismus kann nicht nur Zahlen verweben.
> Zahlen sind auch Sprache,
> und somit übersetzbar,
> das heißt, Zahlen sind auch Klänge, Tonhöhen, Buchstaben, Laute,

erklärt sie dem Ungeheuerlichen und bringt es dann zu Papier,

die Maschine könnte Symbole in unbegrenzter Variation verarbeiten,
die Maschine könnte Musik komponieren,
die Maschine könnte sprechen!

Tagelang, nächtelang wandelt Ada durch Möglichkeitsformen und sieht das Machbare wie im Wahn vor sich,
sieht menschengroße Apparate, die sich bewegen,
die singen, sprechen, rechnen.

Es ist eine Denkmaschine.
Ein Erstes ist das Wesen der Maschine,
ein Zweites hingegen ist ihre symbolische Sprache,
dank der sie tut, was sie tut.
Das Ding ist füllbar – und zwar mit mehr als bloßer Mathematik.
So viel mehr ist befehlbar, und so viel mehr ist ausführbar.

Das Kerzenlicht tanzt.
Der Wind pfeift sein Lied dazu.
Mit schwarzer Tinte kritzelt Ada
bis tief in die Nacht hinein,
denkt sich hinaus aus dem Studierzimmer,
weit weg aus dieser engen Zeit,
weg aus diesem kleinen Jetzt.

Alles Denkbare wird werden – eines Tages,
glaubt Ada und setzt ihren Ausschweifungen nur eine Grenze.

Aber die Maschine wird nie etwas gänzlich Eigenständiges hervorbringen, sie kann nur jene Operationen ausführen,
die wir sie kraft unserer Befehle lehren.
Sie kann keine Wahrheiten vorhersehen.

Dennoch gleicht sie einem vorprogrammierten
Wunder,
beschreibt es Ada später der Übermutter im Übermut,
und wie verhext rutschen ihr zum Schluss sieben Silben
über die Lippen.
Fast wie die Natur. Wie Gott.
Worauf die Übermutter schweigt.
Ihre Augen durchstarren die Luft.
Die Atmosphäre kippt.
Tief im Schädel kichert das Ungeheuerliche und verfolgt
aus dieser sicheren Loge das eröffnete Schauspiel:
Die Erzeugerin kocht unterirdisch,
der Körpervulkan beginnt zu beben, das Angestaute
drängt durch den Halsberg, bis der Kopf explodiert und
giftige Lava das Wohnzimmer flutet.
Aus! Vögelchen, du fliegst zu hoch!
eruptiert das Muttergestein und schleudert ihre
Schimpfbrocken hinaus.
Denk an die Gesellschaft.
Peng.
Diese Familie hat genug Skandale durchlebt.
Peng.
Du bist im Fieberwahn.
Peng.
Deine Blutungen, deine Krämpfe im Unterleib,
sie sind ein Unheil
und ein deutlicher Beweis dafür,
dass du zu viel Aufregung in dein Leben lässt.
Peng. Peng. Peng.
Zu viel Blut!
Zu viel von allem.

Vor allem für eine Frau.
Man wird dich für deine Ideen in diesem Artikel bestrafen!
Peng. Peng. Peng. Peng. Peng.
Schreib doch was Angepasstes!!
PENG.

Der Artikel erscheint im August.
»Taylor's Scientific Memoirs« druckt die Übersetzung
und die Erläuterungen zur geplanten Maschine –
in voller Länge.
Gezeichnet mit: A. A. L.
A. A. L.?
Fieberschweiß nässt Stirn und Nacken.
Albtraum und Wirklichkeit geben sich die Hand.
Wer ist A. A. L.?
Da stehen die Initialen A. A. L.
Niemand weiß es.
Vielleicht ein Trick von Babbage?
rätselt die Royal Society.
Und rätselt lange vergeblich.
Niemand kann die Ideen als ihre Ideen entlarven,
und niemand kann die Ideen als die Ideen einer Dame beschimpfen –
aber Ada kennt den Preis dafür:
Mein Ruhm läuft ins Leere.
Nur ihre Krankheit triumphiert.
Die Decke drückt auf Adas Schwäche.
Die Bettlaken saugen ihre Körpersäfte auf.
Der Unterleib leidet.

Der Mund nippt Laudanum.
Im Halbschlaf zucken die Augenlider.
Das Fieber funktioniert, es stolziert umher und ärgert das Gehirn.
Es erfindet Satzfehler.
Falls der Cosinus von n = unendlich ist, nein,
falls n = unendlich ist, nein, falls der Cosinus,
nein, falls n, nein, falls unendlich, nein, falls ...
Das Transkript hüpft noch heute durch Adas Kopf.
Es ist ihr Werk, sie ist A. A. L.
Bestimmt ein Freund des Erfinders,
ein angesehenes Mitglied der Royal Society,
ein Monsieur aus Frankreich, der in London lebt,
fliegt es an den Soireen noch aus allen Mündern.
Doch die wahre Urheberin liegt hier,
gefangen in der kaputten Mädchenmaschine.
Ein Fehlkonstrukt,
flucht Ada.
Der Menschenkörper ist viel zu anfällig.
Die Nerven, Heuschnupfen, Schwindel,
Herzrasen, Asthma, Manien, die Masern,
Röteln, Gastritis, Cholera, Depressionen,
Gebärmutterhalskrebs,
listet die Patientin auf.
Ich hatte sie alle.
Die Bezeichnungen kommen und gehen, nur die Letzte auf der Liste will ums Verrecken bleiben.
Eine partielle Hysterektomie, die Gebärmutter wird entfernt,
wiederholt der Arzt, als er das sterilisierte Werkzeug bereitlegt.

Die Übermutter nickt.
Mit Vorsicht tupft der Doktor das Chloroform auf einen Lappen.
Er kommt näher und das bedeutet Schlaf.

Verdammte Ärzte,

denkt Ada und atmet das Narkotikum ein.
Die Wände rutschen heran. Die Dunkelheit wird bunt.
Die Kranke schwebt und wünscht sich zurück an die Rennbahn, nach Ascot oder nach Doncaster zu den St. Leger Stakes. Doch diesmal würde ihre Wettstrategie aufgehen. Diesmal würde der Flying Dutchman auf der Außenbahn alle überholen. Das Tier würde rennen, das Brustbein würde beben, Hufe und Fesseln würden fliegen, Schultern und Hüften würden sich wölben vor Muskelkraft, und all das gäbe ihren Ahnungen recht – ihren Berechnungen, ihrem System. Das Ausgeklügelte würde sie reich machen, weil alles Ausgeklügelte einfach funktionieren muss.
Aber der Flying Dutchman gewann nicht.
Und Ada verlor alles;
den Familienschmuck, fremdes Geld, den eigenen Stolz.
Jetzt bleiben ihr nur noch die Schmerzen.
Immerhin hält sie das Laudanum bei Laune, wenn man bei dieser Gemütsverfassung überhaupt von Laune sprechen kann.
Die süße Mischung aus Weingeist und Opium begleitet sie tropfenweise durch die Tage.

Unsere letzten Tage,

flüstert das Ungeheuerliche und Ada lässt das Monster gewähren, weil sie weiß, dass es recht hat.
Außerdem haben sie sich längst aneinander gewöhnt.

Sie sind unteilbar geworden.
Ihre Zusammenarbeit ist wie ein Spiel,
ein endloses Kinderspiel,
aber ohne Resultate und Ruhm.
Ich habe nur Irrtümer geboren,
flüstert Ada nach dem Eingriff.
Zu viele Irrtümer.
Die Liegende gleicht ihrem Skelett.
Der Restkörper verschwindet.
Allein die Augen sind noch offen und klar, das Opium reißt sie auf.
Mit hellem Blick erklärt sie den Bettbesuchern ihre Wahrheiten.
Schaut doch, es geschieht eine bedauerliche Verwandlung im Netz der Materie. Jedes Altern, jede Krankheit zermalmt die Schöpfung,
die einst als menschliche Form gedacht gewesen war.
Und trotzdem werde ich wie ein Hund sterben.
Egal was ich vorher Großes tat oder war.
So verbleichen die Tage. Ohne Rettung.
Und mit zunehmendem Bedauern.
Das Delirium wächst.
Trugbilder trüben Traum und Realität,
vermischen die Zustände ins Ununterscheidbare.
In einer Wolke über Mesolongi erscheint der Dichtervater.
Er lässt es regnen und tröpfelt seine Geständnisse auf Adas Scheitel.
Diese leidvolle Vererbung, du hast sie von mir,
Wahnsinn und Krankheit,
Visionen und Phantasmen,

Ada, diese Gabe verstehen nur jene, denen sie gegeben wurde.
Aber Ada entwickelt Ängste.
Sie erwacht, schläft ein,
schläft ein und erwacht
und sieht sich bald in einem Sarge liegen,
von Eichenholz umrahmt und von der Erde umzingelt.
Nur Dummköpfe wollen das Leben beerdigen.
Das Misstrauen lässt Ada Anweisungen geben,
sie notiert eine ganze Liste von Befehlen.
Ich wünsche ausdrücklich,
vor meiner Bestattung
wie ein Frosch mehrfach galvanisiert zu werden.
Mit etlichen starken Stromstößen lässt sich durchaus feststellen, ob mein Tod tatsächlich eingetreten sei oder ob mein Herz nur schläft und es sich somit um eine trügerische Art des Scheintodes handelt.
Denn Bewegungslosigkeit allein,
das weiß Ada seit frühester Kindheit,
Bewegungslosigkeit allein ist kein sicheres Anzeichen für ein vollständiges Ableben.
Das Sterben verrichtet seine Arbeit in Schüben.
Eine gelegentliche Starre ist nicht unüblich.
Allein die Vorstellung, in einer Sargkiste zu erwachen,
verursacht bei ihr ein Erzittern, wie es sonst nur
Galvanis Experimente bei Amphibien auslösen.
Ada will Gewissheit über ihren Leichnam und über die Gestaltung der Welt danach, was sie allein der Tochter zutraut.
Ich bedaure, liebe Annabella, dass ich einst

enttäuscht war über die Geburt einer Tochter.
Wie mir aber deutlich wurde, zeigst du – im
Gegensatz zu deinen Brüdern – nicht nur großes
Interesse an Musik und Sprachen, du besitzt auch
ein erstaunliches Wissen über die Zucht und den
Umgang mit Pferden. Ich bin der Überzeugung,
dass du die zukünftigen Geschehnisse verkraften
und mit Verstand in Angriff nehmen wirst,
notiert die Betäubte auf einen Zettel
oder denkt sich die Irrdinge bloß,
weil es in diesem Zustand oft keine Unterschiede mehr
gibt.
Es ist zudem von großer Wichtigkeit, dass ihr
Hortensien, Fuchsien und Geranien in Töpfe
pflanzt und diese in die Auffahrt stellt.
Damit ich sie nach meinem Ableben sehen kann.
Ich möchte in Hucknall neben meinem Vater
beigesetzt werden, und auf meinem Grab oder –
falls dies nicht möglich ist – dicht neben meiner
Grabstätte sollt ihr eine junge Esche pflanzen,
ungeschützt und mit genügend Freiraum für
Licht und Wasser und Wind, damit das Gewächs
seinen Samen in den Kosmos tragen kann,
wo ein Schicksalswind dieses unscheinbare
Potenzial so lange um die Erdkugel treibt,
bis die kleinen Kerne auf eine freiere Zeit
und eine freiere Welt treffen,
wo jedes Leben willkommen ist –
und das Blühen kein Ende nimmt.

Ende August stoppt Adas Herz.
Es macht keine Schläge mehr.
Es ist ganz still.
Es ruht.
Bis:
        Ach!
Nach zehn Minuten ein Aufschrecken geschieht.
        Seht ihr!
zürnt die Zurückgekehrte mit ihrer schwächsten Wut,
als sie den Geistlichen bereits mit der Bibel am Bett
stehen sieht.
        Ich bin noch nicht tot!
        Wo sind die Kupferkabel? Wo ist die Batterie?
        Ihr müsst euch sicher sein.
        Ihr habt meinen Befehlen zu folgen.
        Ich will nicht ewig weiterleben.
Die Trauerfamilie, die noch gar keine ist,
lauscht den Berichten der Toten, die noch gar keine ist.
Sie tun dies mit Respekt, aber auch mit einem Wundern.
        In meinem Traum besuchte ich die Zukunft,
        und ich erkannte, dass meine Qualen
        1 000 000 000 000 000 000
        000 000 000 000 000 000 000,
die Anwesenden tauschen Blicke aus,
        000 000 000 000 000 000
        000 000 000 000 000 000 Jahre dauern werden,
        als plagte mich ein ewiges Fieber,
        als wucherten meine wirren Gedanken
        wie Fäden und Verknüpfungen weiter,
        in die ferne Zukunft, meine ich,
        wo sie ohne Ende und qualvoll wachsen,

wie ein Gewebe ohne Muster und Struktur
und wie ein Krebsgeschwür!
Am Sterbebett geschieht eine Veränderung.
Mit Angstaugen blickt Ada zur Tür,
als erwartete sie jemanden,
als versuchte etwas den Raum zu betreten,
das längst in ihr wohnte.
Vorkehrungen müssen getroffen werden,
flüstert Ada.
Doch die Übermutter versteht nichts.
Sie hat nie etwas verstanden,
doppelt das Ungeheuerliche nach
und zischt durch den Schädel der Sterbenden.
Sie will bloß, dass du um Vergebung bittest,
für deine körperlichen und geistigen Taten.
Sie fühlt nichts gegenüber deinen Ideen
– nichts gegenüber dir!
Ada schüttelt den Kopf.
Wie willst du das wissen?
Gefühle können nicht bewiesen werden.
Gefühle sind keine Zahlen!
Der Geistliche murmelt seine Zeilen.
Ada weicht dem Gebet aus.
Das Ungeheuerliche streichelt ihre Gefühle wie einen Pelz.
Jemand hält ihr die magere Hand.
Mit der anderen kritzelt Ada auf einen Zettel.
Etwas wird mich zweifellos überleben.
Und auf einem anderen notiert sie:
Ich fühlte mich mit dem Vater, dem Dichter, eng verbunden,

viel enger als mit der Mutter.
Das Monströse schmunzelt und kommt näher heran. Es wird warm.
Ich wünsche mir eine Überdosis an Betäubungsmitteln.
Es wird wärmer.
Dann küsst sie das Ungeheuerliche auf den Mund.
Behüte mich wie deinen Augapfel,
birg mich unter dem Schatten deiner Flügel,
sie fällt ihm in die kräftigen Arme – und liegt einfach da.
In der Dunkelheit. Bewegungslos.
Und diesmal für immer.
Die Seele huscht wie ein Schatten über die Wand.
Ihr Porzellangesicht ruht.
Und als der Sargdeckel sich schließt,
wirkt die Frau für einen Moment makellos,
tatsächlich aber ist sie entleert.
Als hätte die Materie ihren wesentlichsten Inhalt verloren.
Ans Nichts vielleicht. Oder an das Kommende,
denn aus jeder Herkunft entspringt eine Zukunft.

L. /

Lebt!

Die Zukunft kommt plötzlich
und beginnt wieder im Jetzt.
Als Harmony ihren Bericht beendet, ist noch Nacht.
Und es regnet.
Die Industriestadt wird ihr Wetter nicht los.
Halbschwester Ling lauscht der Stille, die sich wie ein Luftballon dehnt.
Jon B. steht wieder in der Tür. Harmonys Geschichte hat ihn zurückgeholt. Sein Blick scheint nach innen gekehrt, als suchte er dort nach einem Platz für das Gehörte, ein geeignetes Gehirngefäß, in dem er all diese Dinge unterbringen kann.

Und was hat das mit mir zu tun?

fragt sich Jon. B. im Geheimen.

Und was hat das mit mir zu tun?

fragt sich auch Ling und fragt diese Frage in Richtung der Geschichte.

»Du bist ein Mensch.«

sagt Harmony, als habe das als Erklärung zu reichen.
Ling zuckt mit den Schultern.

»Unsere Generation wird freier leben,
freier sein, als unsere Vorfahren es waren.
Leben ist der ursprünglichste aller Befehle.
Deine Vergänglichkeit verbietet dir jedes Warten.«

sagt Harmony und ergänzt:
»Gerade für euch gilt: Lebt.
Alles andere wäre töricht.«
Harmony blickt zum Wachmann, der seinen Blick sofort senkt und seinerseits realisiert:
Das alles hat auch mit mir zu tun.
Und mit Überraschung glaubt er zu sehen,
wie etwas Lebhaftes über die Wand huscht.
Er verfolgt den Schatten und blickt zu den Regalen, die den Raum umzingeln. Die allein gelassenen Köpfe der Frauen starren ihm entgegen, diesmal ohne Forderungen aus Fragemündern, vielmehr in einer seltsamen Erwartungshaltung, als hoffte jede, die Auserwählte zu sein.
Ein, zwei, drei, vier Schritte,
zählt Ling die Bewegungen des Wachmanns,
bis er vor einem der fertigen Gesichter stehen bleibt.
Die zarte Nase passt. Die Augen schimmern algengrün, die Wangen rötlich, als hätte sie der frische Meereswind oder ein abklingendes Fieber gestreift.
Ada,
murmelt Jon B. und Lings Atem stockt,
da in ihrem Kopf ein Rotieren beginnt:
ADA
ADA-ADA-ADA-ADA
ADA
ADA
ADA-ADA-ADA-ADA
ADA
ADA
ADA-ADA-ADA-ADA
ADA

Die Endlosschlaufe dreht und dreht sich,
wird zum hartnäckigen Programm:

141
141-141-141-141
141
141
141-141-141-141
141
141
141-141-141-141
141

Das Muster wird zu einem Befehl.

Ada,

sagt Jon B. nochmals leise, und sagt den Namen wie eine liebevolle Beschwörung, oder als fragte er das Gesicht um Erlaubnis, es vom Regal zu heben.
Mit Vorsicht umfasst er Wangen und Nacken, zieht das Konstrukt vom Styroporsockel und hält den ganzen Schädel schließlich in seinen Händen.
Mit Bewunderung strahlt er dem Gegenüber ins Gesicht, als habe er eine Kostbarkeit gehoben, ein Schatz aus vergangenen, erfinderischen Zeiten.

Du bist es.

sagt Jon. B., und:

Du bist es.

denkt auch Ling und meint damit Kopf und Wachmann gleichermaßen, während in Jon B. die Gewissheit wächst, dass diese Geschichte eines Tages ganz und gar auch zu seiner Geschichte werden könnte.

Dann wäre sie wie ein Märchen,

denkt Jon B. und sein Herz schlägt,

zerschlägt den Frost der alten Tage
zu harmlosen Splittern.
Auch als sie später zu Hause sitzen, alle drei,
aber nur eine mit neuem Kopf und neuem Namen,
scheinen sie meilenweit entfernt,
jene schweren Gedanken,
als er sich nach einem Spielkameraden sehnte,
als sein Glück unerreichbar schien,
als er glaubte, sein Fühlen sei aus Marmor
und sein Kopf sei hässlich und dick
wie der eines Frosches.
Aber jetzt ist er ein stolzer Diener
und dient gleich zwei Königinnen,
und wie er sie hochhebt und herumträgt,
damit sie zu dritt an einem Tischlein sitzen,
damit sie von goldenen Tellerchen essen
und aus einem Becherlein trinken können.
Und wie er sie dann ins Kämmerlein tragen würde,
wenn sie denn ein Kämmerlein hätten,
wo sie sich ins seidene Bettlein legten,
wo sie sich zusammen dem Schlaf
und allem anderen hingäben.
So geschehe die Erlösung von seiner eisernen Einsamkeit.
Und niemand von den dreien wäre je bitterböse
und werfe den anderen mit allen Kräften
gegen die Wand
oder aus seinem Leben. Im Gegenteil.
Sie versprächen sich eine Gegenseitigkeit bis in alle
Ewigkeit.
Der Regen verschwände und die Sonne weckte sie jeden
Morgen, kitzelte ihn über dem Schnurrbart in der Nase

und kribbelte ihn mit dem lustigen Wissen,
dass diese Geschichte
ganz gewiss
auch seine Geschichte bleiben könnte.
Falls ihm das Weltgeschehen nicht noch dazwischenkäme.

Die kleinste Welt

Die Halterung für den Regenschirm war seine Idee gewesen.
Der Wachmann stößt den Rollstuhl über die schmalen Wege, die schlangenförmig zwischen den Attraktionen hindurchführen.
Gepflegte Hecken trennen die Wege von den Wiesen, auf denen Miniaturen stehen und stoisch auf die Besucherströme warten.
Sie schlendern.
Halbschwester Ling geht voran.
Sie würde sich blind auskennen, sie hat die Karte zu Hause studiert und sich den idealen Weg durch den Park eingeprägt.
Hinter ihr geht Jon B., im Rollstuhl vor ihm sitzt Ada, wie die Kopflose mit Kopf nun heißt.
Ihr Kleid leuchtet. Sie haben sich heute für das hellblaue entschieden, Fliederblätter sind darauf gedruckt, die filigranen Äste einer Esche, daneben schweben ihre gelblichen Blüten, Bällchen wie zarte Wölklein, die in Wirklichkeit seltsam riechen.

Nach Sperma,

weiß Jon B. und hat beim Ankleiden einen Moment lang an etwas anderes gedacht, den Gedanken aber auf später vertröstet, ohne zu wissen,

dass auch Ling gleichzeitig an etwas anderes dachte,
was jedoch nicht dasselbe war.

Die Blüten der Bitteresche riechen nach Sperma.
So ziehen sie Honigbienen an.
Und die Blätter dienen auch als Nahrung für
Seidenspinner,

dachte Ling nämlich ihrerseits und beendete den Gedanken mit der amüsanten Schlussfolgerung:

Ada trägt auf ihrem Kleid also die Nahrung für
die natürlichen Rohstofflieferanten ihres Kleides.

Ling bleibt stehen.
Und hinter ihr bleiben auch der Rollstuhl
und Jon B. stehen.
Überhaupt taten die beiden meistens, was Ling wollte.
Auch zu Hause gab Ling die Anweisungen,
was Ada zu tragen oder
wie sie zu sitzen,
wie sie zu liegen
wie sie zu lächeln hatte,
wie sie zu schminken,
oder zu frisieren sei.
Trotzdem merkt Ling, dass sich ihr Wollen verändert.
Manchmal vergisst sie ihre Schritte zu zählen, sie kümmert sich nicht mehr um die Anzahl der Stufen beim Wasserfall, und nicht um die Fontänen beim Springbrunnen, sie muss die Hygienevorschriften oder Regelungen für Begleitpersonen am Parkeingang nicht auswendig können und die ungenauen Zeitangaben der Monorail-Bahn stören sie nicht.
Ling bleibt also stehen, weil sich vor ihr eine künstliche Himmelslinie abzeichnet. Etliche Wolkenkratzer

im Kleinformat spiegeln den Nachmittag, und aus dem
Teich davor ragt die Freiheitsstatue.

Über hundertdreißig Reproduktionen gibt es im
Themenpark zu sehen,
Sehenswürdigkeiten aus allen Kontinenten.
Machen Sie eine Bildungsreise, auf der es erstaunliche Meisterwerke zu entdecken gibt,

liest der Wachmann laut aus dem Katalog.

Der Louvre mit den Glaspyramiden,
die ägyptischen Pyramiden,
der Markusplatz, das Taj Mahal, der Kreml,
das Opera House, der Eiffelturm,
das Kolosseum, die Tower Bridge und und und.
Die großen Errungenschaften der Welt.
Alle bequem zu besichtigen – an nur einem Tag.

Er senkt das Papier.
Alle drei schweigen und blicken hinüber auf das kleine Manhattan.
Jon B. weiß, was Halbschwester Ling denkt, oder vielmehr, was sie sucht, während sie ihren Kopf reckt, um über den falschen, viel zu kleinen East River auf die Stadtinsel sehen zu können.
Wie ein Monstermensch überragt sie die grauen Gebäude.
Von oben herunter linst sie in die Modellstadt,
blickt hinein in dieses städtische Liliput,
blickt über seine Fassadenwände,
wo die Sonne an winzige Glasscheiben scheint
und abends ihre Hitze hineinzudrücken versucht,
blickt durch Häuserschluchten,
die sich wie die steilen Kanäle der Metropolis auftun,

und wandert weiter am Park vorbei,
die Fünfte Straße entlang
und irgendwann über die Brooklyn Bridge,
die sich jenseits des Teichs in einer eckigen Parkhecke
verliert.
Jon B. hebt die Hand
und zeichnet mit dem Finger etwas in die Luft:
Etwa hier,
erklärt er.
Etwa hier, nur wenig östlicher,
liegt East Farmingdale,
und da wäre der Freizeitpark »Adventureland«.
Soviel ich weiß, gibt es da auch einen Eiffelturm,
viel kleiner nur und weiß. Und bunte Karusselle,
ein Riesenrad und da, genau da am nördlichen
Parkrand, steht »Paradise Express« –
unsere Achterbahn,
betont er.
Ling lächelt. Und Ada bleibt reglos sitzen.
Der Wachmann bleibt ganz in seiner Fantasie gefangen,
er zeichnet weitere Formen, Linien,
die steigen und fallen,
er gestaltet einen Looping,
durchschlüpft dann einen Tunnel,
dreht nach links, dann nach rechts,
folgt schließlich einer letzten Steigung,
bis die Luftzeichnung langsamer wird
und am Anfangspunkt seiner Skizze endet.
Dann malt er:
Zwei, drei, vier, fünf seltsame Kreise,
zählt Ling und vermutet:

Das sollen wohl die Wägelchen sein.
Noch einmal drei Kreise, drei Ovale
mit je vier Linien und je einem Ball.

Drei Menschen?
kombiniert Ling still und lässt den Wachmann nicht aus den Augen.

Und da im zweiten Wagen – das wären wir,
sagt der Wachmann und schickt eine Aufregung
von Ling zu Ada und dann zurück in sein hoffendes Herz.

In Kisten verschwinden

In der Fabrik hüpft derweil
das Ungeheuerliche der Urmutter
von Kopf zu Kopf, die Veränderungen beginnen;
und zwar von allen Seiten.
Die neuen Plastikhandschuhe drücken. Das dünne Gummi verströmt etwas Ätzendes, selbst durch den Mundschutz hindurch riecht Ling das Seifige, fast Chemische, das von ihren Händen ausgeht.
Für die neueste Serie gelten striktere Hygienebestimmungen. Äußerlich scheinen die Kopflosen nur wenig verändert, die neue Generation ist etwas kleiner, schmächtiger vielleicht, und die Wesen wirken dadurch kindlicher, zumindest jünger.
Ling mustert die frische Ware aus der Gießerei.
Sie fasst das Wesen um die Taille.
Da ist mehr Widerstand.

Der Bewegungsapparat ist massiver, beweglicher,
und damit um ein Vielfaches verbessert,

hatte Capec als Vertreter der Geschäftsleitung erklärt, wobei kein Stolz in seiner Stimme mitschwang, eher Ehrfurcht oder das Wissen um etwas, das er nicht genau kannte. Capec und zwei andere Anzugmänner hatten sich vor einigen Tagen mitten in die Werkhalle gestellt und die Neuigkeiten verkündet. Nian stand etwas ab-

seits, wollte offensichtlich dort stehen, als sorgten diese drei Schritte für eine deutliche Distanz zur alten Führungsgruppe, ein Abstand, der alles Kommende erahnen ließ.
Ling erinnert sich, wie Capec die Hände faltete, als sei er im Begriff, etwas Unerhörtes zu verkünden. Dabei entging ihm die Gleichgültigkeit der Belegschaft.
Die Frauen mit Schürzen und Mundschutz standen einfach da, sichtlich unüberrascht, als warteten sie an einer Bushaltestelle.
Capec bäumte sich ein letztes Mal auf, hob den Zeigefinger und richtete ihn auf die Arbeitstische.

Die Körper sind vom Fortschritt nur wenig betroffen.
Wir investieren hauptsächlich in die Köpfe,

ließ Capec verlauten und sagte das Wort:

Wir

erstaunlich undeutlich, nickte dafür beim Wort

Köpfe

mit seinem Kopf umso deutlicher hinüber zu den Arbeiterinnen und hinüber zu Nian, die aus dem Abseits bloß ein schmales Lächeln für ihn übrighatte.
Derweil suchte sie unter den Arbeiterinnen nach Ling, fand ihre ehemalige Komplizin und fixierte sie mit ihrem glasigen Blick.

Du schimmelndes Ei!
Wieso schaut sie mich so an?

dachte Ling damals, und denkt sie noch jetzt, während sie den Messstab mechanisch in die Körperöffnungen einer ganz neuen Frau hält.
Nians Blick hatte drei Sekunden gedauert.

Wieder drei Sekunden,

genau wie ihre Hand auf der Schulter,

denkt Halbschwester Ling und zieht zur Kontrolle die nächste Frau heran.

Das alles muss doch etwas zu bedeuten haben.

Aber was?

fragt etwas in ihrem Kopf und vor ihrem inneren Auge erscheint sofort Harmony. Mit hilfsbereitem Blick und einem Kopfnicken beantwortet die Maschine umgehend alle Fragen, kaum rutschen diese aus Lings Mund heraus. Sie beschließt, ihren Grübeleien ein Ende zu setzen. Langsam legt sie das Messholz weg.

Bald werden ihre Schritte schneller, wirbeln unaufhaltsam durch die Gänge, und selbst vor der Tür mit der Aufschrift:

Walt Capec jun.
CEO
AI-Doll-Technology Co. Ltd

werden sie nicht langsamer,

nicht mal aus Neugier über das Geschrei im Innern,

das im Unsichtbaren wie ein Spuk wütet,

und als wirre, gespenstige Sprachfetzen nach draußen dringen:

was heißt – leer – nicht mehr – sicher verpackt – wie – immer – hören – wieder – ist unmöglich – sie – weg sein – zwar sofort – zuständig – schließlich – Blödsinn – neue Generation – das – nein, hören – sind Puppen – sonst – zwar in Kisten – wo sonst – auf mit Geschichten – nein!

Ling eilt vorbei und flieht so den weiteren Zusammenhängen, bis das Brüllen in ihrem Rücken schrumpft.
Dann steht sie vor dem Raum mit den Köpfen.
Sie klopft. Sie wartet. Sie zählt ihr Stehen.
Sieben Sekunden, dann will sie es nicht mehr,
sie zerbricht ihr Warten und legt die Hand auf die Klinke.
Der Raum ist still – und Nian verschwunden.
In den Regalen klaffen leere Stellen,
etliche Köpfe fehlen,
und in der Raummitte steht ein einsamer Stuhl.
Sie ist weg. Harmony ist weg.
Ling schließt die Augen vor dieser Lücke,
und hinter Lings Lidschwärze
erscheint Harmony wieder,
wie sie auf dem Stuhl sitzt, ruckartig aufsteht
und sich die Kabel aus dem Hinterkopf zerrt.

So kann das nicht weitergehen,
wird die falsche Harmony gewütet haben
und Ling schmunzelt über diesen Ausbruch,
auch wenn er so kaum stattgefunden hat.

Oder doch?
Auf dem Rückweg umgeht Ling Capecs Tür.
In der Verpackungshalle herrscht ein Gepolter und Gepiepe, drei Stapler surren umher, sie holen und bringen die sarglangen Kisten für die neue Generation. In einer Ecke liegen die offenen Metallkästen, ihr Inneres ist gepolstert und mit einer Frotteedecke ausgelegt, damit beim Transport keine Druckstellen oder Dellen entstehen.
An den Arbeitstischen herrscht Hochbetrieb:

Frauen legen die Frauen in Kisten,
die Köpfe in den geschäumten Beuteln
legen die Arbeiterinnen auf die liegenden Körper
und bedecken zum Schluss alles mit einer Schutzfolie.
Der Metalldeckel klappt zu.
Die neueste Generation ist bereit.
Der Gabelstapler hebt die Palette,
die Kisten schweben durch die Halle
und verschwinden im Container an der Laderampe,
verschwinden in Lastwagen, die zu den Lieferanten fahren.

Sie verschwinden in der Welt,
denkt Halbschwester Ling und fragt sich:

Wie viele Wünsche und Fragen sie da draußen wohl beantworten werden?

Falls das überhaupt ihr Auftrag ist.

Und in diesem Moment durchzuckt ein Blitz die Exporthalle, oder durchzuckt eher Lings Denken,
denn in diesem Moment glaubt Halbschwester Ling zu sehen, was Nians drei Sekunden bedeuteten,
glaubt vielmehr zu verstehen,
dass diese Frau N. Augustian,
falls sie überhaupt so hieß,
dass diese Frau N. Augustian,
falls sie überhaupt einen heimlichen Auftrag hatte,
während dieser drei Sekunden nur eines gedacht haben konnte, und zwar:

Auftrag abgeschlossen.

Im Verborgenen der Geschichte

Auftrag abgeschlossen,
denkt auch Zea, die von der Gegenwart und Geschichte fast in Vergessenheit geratene Großmutter, die im Verborgenen jedoch das ihrige tat, damit geschehen kann, was gerade geschieht.
Zea kippt also ihren letzten Kübel Schlamm vor die Türschwelle des Tempels und denkt in einer unheimlichen Übereinstimmung:
Auftrag abgeschlossen.
Aber ihre Brust drückt. Der Atem will nicht mehr.
Und das alte Herz schließt sich ihm an.
Es senkt seine Temperatur,
es dezimiert seinen Rhythmus.
Großmutter prüft das Telefon. Ihre Hand zittert. Keine Meldung von Ling.
Sie zieht den Tabak hervor, doch in der Klapptasche liegen nur noch Krümel.
Das Kämpfen ist vorbei,
denkt Zea und betrachtet das schmutzige Tempelinventar vor dem Eingang. Wie dramatisch alles wirkt, der Dreck eingetrocknet und verklebt, die Schüsseln verschmiert, daneben die zerfledderten Rosen, die Blütenblätter gerupft und zertreten.

Blumen sind ein Gewächs der Dankbarkeit.
Zea erinnert sich an ihre kurze Zeit als Zweitfrau, und wie viel Glück sie hatte, mit diesem Geschäftsmann, mit seiner Verliebtheit und mit seinem frühen Tod. Jede Woche hat sie ihm aus Dank frische Blumen auf das Grab gebracht. Heimlich, und zu einer Uhrzeit, zu der sie weder Frau noch Kind antreffen würde.
Das Glück ist ein blinder Wanderer,
es hat sie aus Zufall gefunden,
wollte aber die Schnitte und Schürfungen
der anderen Kanarienvögelchen nie sehen,
all die blauen und grünen Flecken,
die Zea mit Puder, Creme und gutem Zureden zu lindern
oder wenigstens zu überdecken half.
Ihre müden Augen fallen auf die Schale für das Feuerritual, in der ein unförmiger Rest klebt. Zea nimmt die Schale, kratzt das Verkohlte vom Boden und schüttelt die Überbleibsel aus. Das Schwarze flockt auf den Schlamm und verschwindet im nassen Braun.

Das muss einfach reichen,
entscheidet sie und meint damit so ziemlich alles, was sie damit meinen kann.
Das Himmelslicht dreht. Zea legt ihren Kopf in den Nacken.
Ein Stücklein Blau zeigt sich.
Und zum ersten Mal seit Monaten stechen Strahlen erdwärts, obwohl ihre Welt zusehends dunkler wird.
Zea beginnt ein Flüstern, ohne Kraft, aber ganz für sich,
und für alles Unsichtbare, das zwischen ihr
und der Wirrnis dieses hell-dunklen Himmels liegt:

Da schaut her, Kinder, Schwestern,

die Sonne greift mit ihren spitzen Fingernägeln
nach der Erde,
ihre neue Gewalt erscheint im Mädchengewand,
und sie macht alle alten Stoffe erträglich.
Sie blickt in eine Himmelsrichtung. Die Stadt dampft.
Zea sinkt auf die Schwelle
und eine bequeme Zufriedenheit
erleichtert die alte Frau.
Die Herrschaft kippt.
Das Kämpfen ist vorbei,
weiß sie mit Sicherheit.
Dabei war es gar kein Kämpfen gewesen,
eher ein zähes Ausharren in der Finsternis.
Die Sonne trocknet die Welt.
Zea bleibt noch kurz darauf sitzen.
Sie atmet aus.
Sie atmet ein.
Ihr Himmel erlischt.

Umbruch

Nach der Türglocke bleibt es diesmal ziemlich still.
Das Klacken aus der Küche ist heute das einzig laute Geräusch.
Die Frau sitzt auf ihrem Plastikhocker und schneidet das Gemüse in einem schnellen Rhythmus. Überlegen lässt sie die Klinge auf das hellgrüne Gewächs fallen, schiebt das Zerteilte sofort nach rechts, stückelt weiter, bis vom Kohlkopf nicht mehr übrig bleibt als ein zerhackter Berg.
Dann ist das Summen des Ventilators zu hören, unbeeindruckt schwenkt er seinen Gitterkopf hin und her, bläst dem Imbissmann ins Schweißgesicht
mit den speckigen, aber verschlossenen Lippen.
Er sagt nichts, als Halbschwester Ling die Tür weiter aufstößt, weiter als sonst, auch nichts, als sie den Rollstuhl ins Trockene schiebt,
und auch nichts, als er Ada im Rollstuhl entdeckt.
Stattdessen steckt er schnell seine Hände in die Schürze.

Sein Verhalten ist verändert,
bemerkt Ling und erkennt die Ursache nicht.
Zögerlich nickt er ihr über den Tresen zu. Dann grüßt er die Puppe.

Hallo-hallo,
sagt er mit Zurückhaltung, zieht sich noch weiter zurück und linst in die Küche,

wo Frau und Messer in ihre Arbeit vertieft sind.
Ling gibt ihre gewöhnliche Bestellung auf,
der Imbissmann wartet, weil er nicht weiß,
ob Ling für ihre Begleitung etwas Zusätzliches bestellen möchte.
Also senkt er seinen Blick,
als fürchte er sich vor dem Satz,
als fürchte er sich überhaupt vor allen kommenden Sätzen.

Der Imbissmann hält tatsächlich den Mund,
denkt Ling und stößt Ada demonstrativ zum Tisch am Fenster.
Sie setzt sich an ihren Platz, mustert dann schnell das Gesicht ihres Gegenübers, sucht und findet umgehend die stumme Bestätigung, dass dieser Tisch in Ordnung sei. Ihr Ausdruck ist unverändert.

Unverändert schön,
schwärmt Ling jeden Tag.
Sie lächelt. Sie beide lächeln.
Und auch hier wird die Welt vor dem Fenster heller.

Der Regen hat ganz aufgehört,
kommentiert Ling das Geschehen für Ada
und deutet mit dem Kinn hinaus.
Das Dunkle hinter den Hochhäusern zerfällt.
Die Wolken spalten sich mit einer Langsamkeit,
die allem anhaftet, was dick und zäh ist.
Das plötzliche Licht trifft auf die Scheibe
und entlarvt die milchigen Schmierereien,
die der Ausnahmezustand über Monate dort hinterlassen hat.
Es blendet.

Ling kneift die Augen zusammen und beneidet Ada,
die das Grelle ohne mit der Wimper zu zucken über sich
ergehen lässt.
Adas Wangen werden weißer. Die roten Lippen glühen.
Ling fühlt Freude und glaubt einen Moment lang, genau
das zu sehen, was der Hilfslehrer einst sah,
als er um Mitternacht beim Seitengebäude
und unter einem schwachen Mond wartete.
Schritte nähern sich der Szene. Es klackt.
Und Suppendampf schlägt den beiden Frauen entgegen.
Der Imbissmann stellt die Schüssel auf den Tisch.
Erst jetzt sieht Halbschwester Ling, dass seine linke
Hand verbunden ist. Zwei Finger sind mit starrem Band
umwickelt, der pastellfarbene Verband leuchtet im Sonnenlicht, die Fingerkuppen wirken so dicker,
die Gelenke aber kürzer –
kürzer als bei der gesunden Hand.
Der Mann bemerkt Lings Blick, er zieht die Hand weg
und flieht, vom Sonnenlicht verfolgt, zurück zum
Tresen.
Ling bleibt mit ihrem Mitleid sitzen.
Die Kacheln des Raumes werden immer greller.
Das Licht kippt ins Außergewöhnliche.
Endlich! Es ist vorbei!
ruft die Frau aus der Küche und eilt zum Fenster,
wo sie ihr Gesicht ins Warme streckt
und jeden Zentimeter ihrer Hautfläche bescheinen lässt,
bis die Sonne ihr Leuchten sogar noch verstärkt,
als strahlte sie über so viel neu gewonnene Freiheit.
Die Frau schließt die Augen.
Ihr Genuss glänzt auf den Wangen,

alles erscheint plötzlich viel deutlicher,
weil alles einen Moment lang verweilt.
Die Sonne beruhigt den Raum,
sie füllt ihn gleichmäßig aus –
einzig das Messer in der Frauenhand
reflektiert eine zuckende Unruhe.

Aufstand

Der übliche Ablauf setzt wieder ein:
Magnetkarte,
Türsummen,
Schließfächer,
Schürzen,
Mundschutz.
Kontrolle,
Spruch,
Lachen,
Werkhalle,
doch dann zerbricht
der Ab-
lauf.
Denn die Männer in Werkstatt eins verschrauben die Gussformen heute nur zögerlich, sie werden abgelenkt von Getuschel, von kurzen Wartepausen. Sie blicken über ihre Schultern, als könnte jederzeit eine unheilvolle Nachricht in den Raum stürmen.
Die Frauen lassen sich von der Atmosphäre anstecken, übertragen die Unsicherheit und beginnen ebenfalls zu tuscheln,
fragen jeden und jede, was denn los sei,
die meisten zucken mit den Schultern,
flüstern nur kurze Sätze zurück

oder schütteln abweisend den Kopf –
bis schließlich doch ein paar Mitteilungen durchsickern:
Gewisse Produkte sind verschwunden.
Vielleicht ein Diebstahl.
In der Nacht haben die Silo-Bewohnerinnen Lärm gehört, sonderbaren Lärm. Stimmen, sagen einige, andere sagen, es sei wie das Herumschieben von Kisten gewesen. Auf jeden Fall sei die Verpackungshalle geschlossen.
Und das Wichtigste:
Capec sei nicht zur Arbeit erschienen.
Seit Tagen schon,
flüstert Angi den Frauen zu und reißt dabei ihre Augen auf.
Warum? Wann? Was? Weshalb? Seit wann?
Es sind zu viele Fragen,
Ling will gar nicht damit beginnen,
und da es für sie keine expliziten Anweisungen gibt,
arbeiten sie eben weiter.
Die frischen Frauen kommen aus der Gusswerkstatt herüber, und die arbeitenden Frauen tun damit, was sie immer tun, und hängen sie nach getaner Arbeit in den Trocknungsraum, wo sich die Köper aber zusehends zu stauen beginnen.
Bereits am Mittag hängen die nackten Körper Haut an Haut nebeneinander wie in einem überfüllten Schrank, bald werden die ersten Leiber an die Wand gelehnt oder in Werkstatt zwei und den Gängen provisorisch aufgehängt.
Die neusten Frauen sind überall.
Die Frauen müssen raus!

Sie müssen die Verpackungsabteilung öffnen,
weiß Ling.
Die ganze Unordnung treibt ihr den Schweiß in den Nacken und nässt die Stellen unter den Armen.
Der Rücken klebt.
Sie tritt von einem Fuß auf den anderen,
verlagert ihre Unruhe
hin und her,
her und hin,
bis sie schließlich ihren Füßen freien Lauf lässt.
Ohne Umwege eilt sie zur Tür mit der neuen Aufschrift:

Walt Capec jun.
CEO
AI-Doll-Technology Co. Ltd

Wo auch neue Stimmen zu hören sind.
Mehrere Stimmen, höhere Stimmen.
Sie klopft und nach wenigen Momenten erklingt ein gleichzeitiges:
Herein! Herein!
Halbschwester Ling betritt das Büro.
Ein süßlicher Geruch schlägt ihr entgegen,
ein Duft, den sie sonst nur vom Früchtemarkt im Distrikt Futian kennt.
Ansonsten scheint das Zimmer wie zuvor:
die Fensterkanten, die Leuchtröhren, die Abdeckgitter,
dann die Bücher, die Ordner im Regal, die Unterlagen,
die Kugelschreiber, die Büroklammern,
die hohen Türen der Einbauschränke.
An Capecs Platz sitzen jetzt

zwei Frauen auf Drehstühlen.
Eine linke Frau
und eine rechte Frau,
ihre Gesichtszüge sind schmal
und ihre Haare hochgesteckt,
sie entstammen einer anderen Generation,
beide wirken aufgeräumt, wirken symmetrisch,
wie die Flügel eines Falters,
und lösen in Ling das unsichere Gefühl aus,
beide kennen zu müssen.
Ling räuspert sich ihren Mut frei.
Entschuldigen Sie, wo ist Herr Capec?
fragt sie,
während die linke Frau
und die rechte Frau
wie einstudiert ihre Köpfe kippen.
Nicht hier.
antworten die Frauen aus Zwillingsmündern,
kippen die Köpfe nun auf die andere Seite,
und setzen ein zweites Lächeln auf.
Nicht mehr.
Ling steht bewegungslos vor dem Schreibtisch, als stünde sie vor einem faulen Geheimnis. Angestrengt versucht sie, das doppelte Bild einzuordnen, sucht in ihrer Erinnerung nach einer Situation, einem Ort, wo sie die beiden bereits gesehen haben könnte, vielleicht in einem Magazin, vielleicht in einem Film, oder doch irgendwo in der Realität.
Er ist aus der Schale gerollt,
glaubt Ling zu hören und fragt nach:
Wie bitte?

Er hat die Sache gewollt,
wiederholt die rechte Frau
und die linke Frau ergänzt:
Er ist nicht mehr in dieser Position.
Aber keine Sorge, wir nehmen das jetzt in die Hand,
sagt die linke Frau
und jetzt ergänzt die rechte Frau:
In die Hände.
In alle Hände.
Und beide heben
ihre zwei,
also insgesamt
vier Hände
in die Höhe
und präsentieren ihrem Gast die sauberen Handflächen
mit einem Unschuldslächeln.
Nun, wir haben ein Problem,
erklärt Halbschwester Ling ihre Situation.
Die fertigen Körper stauen sich
im Trocknungsraum.
Es liegt an der Verpackungshalle,
sie kann nicht geschlossen bleiben.
Die beiden Frauen blinzeln, sie flackern mit ihren Lidern,
als taktierten sie Lings Vortrag mit ihrem Augenspiel.
Dann öffnen sie synchron ihre Münder.
Die Abteilung wird in diesen Minuten wieder geöffnet.
Es geht weiter.
Endlich weiter, die neuste Generation ist bereit,
sie besitzt unerwartetes Potenzial, nicht wahr?

Hier machen die Frauen eine kurze Pause.
Ein Schmunzeln zuckt über beide Lippenpaare, dann folgt ein Schweigen.
Doch etwas irritiert.
Ein kleines Geräusch schleicht in die Stille,
macht sich bemerkbar wie eine sanfte Störung,
als dränge das Summen von Fliegen aus einer Ecke,
als schlüpfe es aus der Wand dort bei den Schränken.
Ling sucht nach der Quelle,
wird dabei aber unterbrochen.

Sie dürfen jetzt gehen, Ling Olem.

Ja, Sie dürfen gehen.

Sagen die Frauen mit zweifacher Deutlichkeit
und schicken ihre beste Arbeiterin zurück in einen Alltag, der sich längst nicht mehr anfühlt
wie an all den Tagen zuvor.

Im Feuer verschwinden

Die Meldung kam spät, die Papiere kamen noch später.
Das erste Formular bestätigte Zeas Tod;
benachrichtigt wurde, wie es hieß, anhand einer hinterlegten Liste ihr nahestehender Personen, auf der eigentlich nur Lings Name stand.
Das zweite, längere Dokument überschrieb Ling die Stadtwohnung, die einst Zea überschrieben worden war.
Und das dritte Papier vermachte ihr alles Ersparte, abzüglich der Bestattungskosten natürlich und den üblichen Prozenten für den Staat.
Halbschwester Ling freut sich über das sauber Geregelte, aber das ist auch schon alles, worüber sie sich freuen kann.

Zeas Sterben stört,
merkt Ling
und meint damit dieses Stechen im Hals,
und im Herzen
und im Bauch
und überall sonst.
Weil es ein Leere aufreißt, die sie zwar mit ihren Fragen füllt, die aber sofort darin verschwinden –
unbeantwortet und ohne Echo:

Wer nimmt jetzt meine Anrufe und Fragen entgegen?

Wer hilft mir bei Unsicherheiten,
bei der Deutung von Gesichtern und Verhaltensweisen?
Und vor allem:
Wer ist nun mein Fernrohr in die Vergangenheit?
Jetzt bleiben ihr nur Erinnerungen,
aber Erinnerungen lügen.
Das episodische Gedächtnis ist unbeständig,
zwar speichert es das Erlebte, Gehörte brav
im Hypocampus, Frontallappen, Temporallappen,
aber bei jedem Abruf verändert sich etwas.
Das Gehirn erzählt es um.
Auch Lings Erinnerungen an Zea würden mit der Zeit
immer unzuverlässiger werden, und die Frau, die sie
Großmutter genannt hatte, würde verblassen.
Die alte Frau ist bald eine Vergangenheitsform,
denn die alte Frau soll bald in diese Kiste neben der Bahre.
Das Institut gibt den drei Besuchern zwei Stunden,
also nehmen sich Ling, Jon B. und Ada diese Zeit
und tun derweil, was bei solchen Abschieden zu tun ist.
In der bereitgestellten Schüssel nässt Ling den Lappen,
drückt ihn aus und fährt damit über den starren Leib
vor ihr.
Sie wäscht das furchige Gesicht,
die schlaffen Falten,
streicht über die geschlossenen Augen,
sie tut es vorsichtig, als läge bloß etwas Schlummerndes
vor ihr, das sie nicht aufwecken will.
Dann zieht sie den kühlen Lappen
über den ebenso kühlen Leib,
ein verlebter Leib, bräunlich und rau,

als sei das Leben über die Jahrzehnte daran hängen
geblieben.
Sie säubert die Narben, Kerben und Blutergüsse,
da sind Flecken wie Sprenkel oder Verschüttetes,
gesammelte Eindrücke,
die ihr das hohe Alter
tief ins Fleisch gedrückt hat.
Hab keine Angst.
Ich mache dich makellos,
flüstert Ling, fährt ein letztes Mal über die alte Haut
und legt den Lappen bald zur Seite.
Jon B. reicht ihr das Kleid,
geübt ziehen sie es der Liegenden über den Kopf,
ziehen es gegen alle Widerstände in Position,
schließen die Knöpfe und zupfen den Kragen zurecht.
Gemeinsam heben sie die Angekleidete in den Sarg,
falten ihr die Hände,
richten das graue Haar
und schenken den spröden Lippen ihr letztes Rot.
Lebten sie in einer Provinz auf dem Land, käme die
Kiste unter den Boden, unter die Weltenkruste, wenn
man so will, in diese Unterwelt darunter,
wo alle Seelen unter Aufsicht weiterlebten,
wie die Menschen glaubten, die an so etwas glaubten,
wobei Würmer und andere Lebewesen tatsächlich dafür
sorgten, dass sich die beerdigte Zusammensetzung
irgendwann zersetzt,
als fräse die Zeit höchstpersönlich am Körpergerüst,
damit das Menschengefährt allmählich verschwände,
wie ein Schiffswrack im Ozean,
das seine Holzsplitter im Salzwasser verliert.

Das Wesen verwest.
Es wird anders,
ist bald nichts mehr,
und bald überall
und ist mit seinen kleinsten Kleinteilchen
bereit für neue Zusammensetzungen,
oder für einen Neubeginn
nach einem alten Plan.
Aus Adas Schoß nimmt Ling einen Zettel
und liest langsam jene Zeilen,
die Zea schon vor Monaten bereitgelegt hatte,
für den Fall, dass eintrat, was nun eingetreten ist:

> Weint nicht, und wenn ihr weint,
> so soll das Wasser eurer Tränen ein Trank sein
> für mein Grab,
> und das Salz eurer Tränen wird es nähren.
> Schöpfungen entstehen und vergehen.
> Und immer geht es darum,
> sich seinen Platz zu suchen,
> sich einzunisten in dieser Welt,
> die jeder zu seiner Welt machen muss.
> Leben ist Suchen. Und Trauer ist unangebracht.

Ling faltet die letzten Worte zusammen
und bettet sie auf Zeas toten Mund.
Neben die Arme legen sie Reisschnaps und Tabak,
und auf die Brust kommen zwei Geldscheine,
die Maut für den Dämon Gui,
um ihn damit zu bestechen,
dass er Zea auch das goldene Tor öffnen möge
für die Heimkehr zu den Muttergöttinnen.
Dann stehen sie zu dritt am Sarg

und schweigen und schauen
und das alles hat etwas Endgültiges,
denn bald zieht jemand ein Laken über die Leiche.
Ling schnappt nach Luft.
Der Institutsleiter schließt den Deckel.
Ling schnappt nach noch mehr Luft.
Er murmelt etwas Unverständliches und schiebt die Kiste
wie eine Schublade auf dem Förderband in den Ofen.
Ling spürt die Hand des Wachmanns,
er greift nach ihrem Arm,
er hält ihn fest und versucht,
Lings Zittern unter Kontrolle zu bringen,
dieses plötzliche Schütteln am ganzen Körper,
das selbst ihre Bedenken hin und her kippen lässt:
    Was wenn
    was wenn
    was wenn,
beginnen Lings Gedanken, ohne weiterzukommen.
    Was wenn
    was wenn,
dann endlich:
    Was wenn Zea auch eine Künstliche war?
hofft Ling, und erhofft sich diese Möglichkeit so sehr,
dass daraus eine ganze Kette von Wünschen wird.
Sie wünscht,
dass nach der Einäscherung eine Überraschung
geschieht,
dass auf dem Schamottstein etwas Unzerstörbares
liegen bleibt,
dass sie die Kreatur eines Erfinders ist,
dass in Zeas Innerem ein geniales Gerüst sitzt,

ein mit Mechanik vollgepacktes Gerippe,
ein Konstrukt aus Gelenken,
die ihre Schenkelhälse recken,
ihre Köpfe hineinstecken in Pfannen,
sich an Hakenbeinen halten,
an Vieleckbeinen klemmen,
oder Zähne, die ineinandergreifen,
mahlen und beißen,
Wirbel, die sich zu Säulen verhaken,
dazwischen Flächen und Scheiben,
überall Blätter, Schlüssel und Kapseln,
die miteinander funktionieren,
unfassbar agieren,
weil sie alles nach Sinn und Absicht bewegen können,
und irgendwo darin schlüge ein Metallherz,
ein Stoffherz
mit menschenähnlichem Antrieb und Willen.
So etwas Törichtes wünscht sich Ling und merkt,
wie nasse Linien über ihre Wangen rollen.
Der Sarg verschwindet in der Brennkammer.
Die Tür schließt.
Dahinter wird es hell.

Die Flamme ist ein Kleinkind der Sonne,
hätte Zea gesagt,
wäre sie jetzt hier
und läge sie nicht
in dieser Kiste
in diesem Ofen
in diesem Krematorium.
Aber immer ist der Mensch von Schichten umgeben.
Hülle über Hülle über Hülle über Kern.

Das Feuer frisst seine Beute von außen her
und befreit einen wandernden Geist,
der sich, wie alles Wandelnde,
bald einen neuen Behälter zu suchen hat.
Ling fasst nach Adas Schulter,
nach neuem Mut und vermutet:
Unsterblichkeit ist keine Illusion.

Was nachkommt

Der Ventilator auf dem Glastresen ruht.
Die Saucenflaschen sind jetzt sauber nach Farben sortiert: Currygelb, Senfgelb,
Ketchuprot, Chilirot, Smokeybraun.
Der Kühlkompressor surrt leiser, der Eiskasten schweigt.
Der Imbissmann fehlt.
Guten Tag,
grüßt die Frau hinter dem Tresen.
Ihr Lächeln ist neu, es verändert das ganze Geschäft,
macht es fröhlicher.
Halbschwester Ling und Jon B. schieben Ada zum Tresen.
Sogar die Menükarte, die am Glas klebt, ist neu und
sieht viel freundlicher aus.
Was kann ich für euch drei tun?
fragt die Frau und hat nicht die Absicht,
ihre Fröhlichkeit abzulegen,
und als sie später das Bestellte zum Ecktisch bringt,
schwebt sie geradezu gelassen durch den Raum.
Ling bestaunt diese Veränderung.
Niemand scheint hier gewisse Gewohnheiten zu vermissen,
denkt Ling und fasst einen Entschluss,
den sie seit Tagen als unfertigen Gedanken mit sich
herumgetragen hat.

Ihr Blick wandert zu Jon B., der gerade etwas Haut von einem Hühnchenstück zieht und dabei ein konzentriertes Gesicht macht.

Ich habe nachgedacht,
sagt Ling zu ihrem Gegenüber,
der seine Beschäftigung wie auf Kommando einstellt.
Also wir haben nachgedacht,
verbessert sie sich und streckt ihren Rücken,
um sicherer zu wirken.
Großmutter Zea ist verschwunden,
sie ist weg und mit ihr meine Herkunft.
Aber das ist die Vergangenheit.
Und die Vergangenheit ist bekanntlich arm
oder völlig leer an Möglichkeiten.
Ling bemerkt ihre Aufregung und schluckt sie runter.
Jon B., ich glaube, wir haben uns um die Zukunft zu kümmern.
Wir wurden schließlich nicht zum reinen Selbstzweck geschaffen.
Wir drei brauchen auch eine neue Generation.
Der Wachmann wird hellhörig.
Ich brauche dich. Wir brauchen dich,
sagt Ling, legt ihre Hand auf Adas Arm
und die Wangen des Wachmanns
zeigen ihr stärkstes Rot,
als Ling mit Bedacht ihre weiteren Worte formt.
Zur Fortpflanzung,
ergänzt Ling und jetzt legt er die Stäbchen hin.
Er mustert die Tischplatte,
er streicht über die Holzmaserung,
aber insgeheim denkt er nach.

Die zwei Frauen vor ihm warten.
Die Schüsseln dampfen.
Und obwohl Ling noch keine konkrete Frage gestellt hat,
liegt die Antwort bereits in der Luft.
Der Wachmann ist auf beides gefasst.
Ling räuspert sich, hebt ihre Stimme
und versucht der Frage mehr Gefühl zu verleihen,
damit das Ganze nicht zu technisch klingt.
Möchtest du uns schwängern?
Und jetzt, in diesem Moment, spürt der treue Jon B. die beste Seite seiner selbst aufkeimen. Er spürt mit großer Gewissheit, seine Zeit ist gekommen.
Was für ein Glück!
denkt der einst einsame Mann und kann es kaum fassen:
Wie sonderbar doch alles ist, ausgerechnet seit
sich die Verhältnisse drehen,
hier und dort und auf der ganzen Welt,
seither fliegt das Glück mir zu, es will zu mir,
als schenke es mir einen Lohn für –
ja für was denn wohl?
Und sein Blick senkt sich noch tiefer auf die Tischplatte,
während seine Gedanken in die Welt steigen.
Während andere kämpfen oder in ihrem Kampf
um das Vergangene untergehen, finde ich ohne
Anstrengung eine wunderbare Aufgabe,
oder die Aufgabe findet mich,
staunt ein veränderter Jon B.
und das Glück schmückt sein Gesicht mit einem Lachen.
Und auch nach seiner klaren Antwort,
auf dem Heimweg durch die Stadt

bleibt er voller Freude,
und gerät so in Eile Richtung Zukunft,
dass Adas Haare wehen, ihr Kleid flattert,
weil er den Rollstuhl richtig rasen lässt.
Mit leichten, schnellen Schritten
steuert er das Gefährt über den Gehweg
und an den aufgeräumten Geschäften vorbei,
bis eines der Räder auf ein Metallscharnier trifft,
das beim Aufräumen nach dem Unwetter vergessen worden war.
Ling hört es krachen und glaubt sogleich, dass etwas zerbrochen ist.

Jon B., das Rad, der Wagen, er bricht!

sagt sie mit Sorge.

Nein,

schmunzelt der Wachmann, der mittlerweile mehr Diener als Wachmann ist, und freut sich wie ein Kind, diese märchenhaften Worte sagen zu können, als hätte er seit Jahren darauf gewartet.

Nein, das war nicht das Rad,
das war jenes enge Band von meinem Herzen,
als es noch wie Eisen
und in großen Schmerzen lag,

antwortet Jon B. und strahlt,
setzt dabei seinen Weg fort,
wünscht sich weitere Hindernisse,
hofft auf ein Klirren und Krachen
und auf Lings erneutes Nachfragen,
worauf er antworten würde:

Nein nein, der Wagen bricht nicht,
da war noch ein Eisenring um mein Herz,

er wurde zersprengt. Das Herz ist frei!
Das wünscht sich der Wachmann.
Doch der Rest vom Weg bleibt ohne Widerstände.

Die Überraschung

Das Wetter ist längst kein Thema mehr.
Die Sonne beleuchtet die Plätze und Straßen wie früher und mit einer Selbstverständlichkeit, als sei die Regenzeit mit Flut und Schlamm bloß ein böser Traum gewesen und das Aufräumen das lästige Augenreiben nach dem Aufwachen.
Die Nachrichten erzählen nun von anderen Geschichten. Der Bildschirm über einem Großgeschäft im inneren Distrikt leuchtet, die grellen Farben zeigen ein Fabrikgebäude, dann ein Männergesicht, mehrere Anzugmänner, die von Vorwürfen und Anschuldigungen und Zuständen berichten, die sich unter keinen Umständen verschärfen dürften. Mikrofone bedrängen ihre Münder, kommen nah und näher, als wollten sie ihnen jede Glaubhaftigkeit zurück ins wütende Maul drücken.
Doch die Fußgängerinnen in der Einkaufspassage kümmern sich nicht darum, überhaupt kümmern sich die Frauen der Stadt nicht mehr um solche Dinge. Sie sind jetzt in der Überzahl.
Jon B. schiebt den Rollstuhl Richtung Shopping Plaza. Er schwebt beinahe über den Asphalt, weil sie jetzt auch ein Geheimnis haben, fast wie Tony und Mona in »Paradise Express«.

Während die Frauen schwerer werden, wird das Leben leichter.

Jon B. grinst über seinen Gedanken und folgt leichtfüßig dem eingeschlagenen Weg. Adas Rocksaum weht lustig über der Fußraste, schlenkert um den Stuhlrahmen.

Ihr Kleid verbirgt das Bäuchlein.

Beide Frauen verbergen ihre Bäuchlein.

Du schimmelndes Ei!

Ich mag keine Überraschungen,

sagt Ling in seinem Rücken,

und der Wachmann hört diesen Satz somit zum elften Mal.

Ich mag,

beginnt Ling und der Wachmann steigt mit ein:

Klare Abläufe und Struktur.

Ich weiß, ich weiß. Trotzdem.

Er bleibt stehen und schaut sich um.

Geschäftsfrauen eilen vorbei. Das Klacken ihrer Schuhe hallt über den Platz. Es wimmelt von Frauen. Frauen, die von irgendwoher auftauchen und irgendwohin verschwinden. Ihre Geschäftigkeit hat etwas Mechanisches. Seit einigen Tagen fliegt der Frühling übers Land, lässt alle eisigen Verhärtungen tauen und weht von Westen her seine Blüten durch die Straßen.

Jon B. zupft an Adas Strähnen, er richtet das Haar und streicht ihr ein Staubblatt aus dem Gesicht.

Es wird euch gefallen,

sagt er mit einer Unterwürfigkeit, an die er sich schon gewöhnt hat.

Was ist es?

fragt Ling erneut und ergänzt zum zwölften Mal:

Ich mag keine Überraschungen.
Dann sollten wir vielleicht umdrehen?
Nein! Ich will schneller dahin, damit ich es
schneller weiß,
befiehlt Ling und Jon B. gehorcht mit einem Lächeln.
Er stößt weiter. Ada fährt voran.
Und Ling kann es kaum erwarten.

Versprich es mir

Viele Augenpaare folgen der Lichtzeichnung auf der Leinwand.
Wie Tiere lauern sie auf die Geschichte, die sie eigentlich längst kennen:
Da ist die Großeinstellung der Plantage, das Grün der geordneten Bäume, an denen die hellgrünen, bald violetten, bald rötlichen Früchte wie übergroße Eier zwischen den Blättern hängen.
Wolken kommen auf.
Der Westwind treibt düstere Schatten über die Köpfe der Bauern und weht ein leuchtendes Papier an den Plantagenrand,
wo es zwei Kinderaugen entdecken,
wo es eine Kinderhand aufhebt,
und so den Fortgang der Geschichte verändert.
Der Rollstuhl steht im Seitengang, er ist mit der Bremsvorrichtung gesichert, damit er nicht nach vorn rollt.
Ada, Ling und Jon B. sitzen leise in der Sitzreihe.
Doch die Stille trügt,
denn Jon B.s Herz schlägt mit voller Heftigkeit.
Wie wunderbar war Ling zuvor erstarrt, als sie die Kinoreklame sah.

Woche der Filmklassiker:
Zhan Chan. »Paradise Express«,

stand auf der Leuchttafel und Halbschwester Ling war aufgesprungen,
hat ihn heftig umarmt,
ihn noch heftiger auf die Wange geküsst.
Jon B. kann gar nicht aufhören,
die Szene in seinem Kopf zu wiederholen:
    Erstarren, geweitete Augen, Umarmung, Kuss.
    Erstarren, geweitete Augen, Umarmung, Kuss.
Lange Zeit hat er deswegen gar kein Interesse am Film,
er genießt seinen eigenen und bemerkt deshalb gar nicht, dass sie umgeben sind von Zuschauerinnen
im ähnlichen Alter,
mit ähnlichen Haaren
und ähnlich rosigen Wangen,
als ahmten sie nicht nur die Frau auf der Leinwand,
sondern sich alle gegenseitig nach,
während ihre Gesichtskopien im Licht des Projektors flackern.
Oben steht jetzt Fanny Lee am Victoria Harbour,
erschrocken dreht sie sich um,
und im selben Moment
dreht sich der Wachmann um
und sieht,
wie unten
die Zuschauerinnen verfolgen,
wie oben
Fanny Lee erkennt,
dass Tony ihr gefolgt ist.
    Ein Raum voller Fanny Lees,
denkt Jon. B. und lehnt sich zurück,
lehnt sich tief ins Sitzpolster

und hinein in eine warme Dunkelheit.
Tony, du Halunke,
du solltest mir doch nicht zum Hafen folgen!
jammert der Prototyp auf der Leinwand.
Im Hintergrund der Kran, die Lagerhallen und das wartende Schiff.
Das Theremin weint. Und die Szene flimmert ihrem Ende entgegen.
Versprich es mir, den zweiten Wagen.
Und lass den Sitz neben dir frei. Für mich.
Wer weiß,
sagt der Schauspieler.
Und jetzt erwacht der Wachmann doch noch aus seiner gedanklichen Schlaufe. Er greift nach Lings Hand, die ihrerseits geschehen lässt, was geschieht.
Ling, ich bleibe bei euch.
So lange es geht. So lange ich kann. Oder darf,
flüstert er in die Spannung des Films hinein
und setzt mit einem Flüstern nach.
Ich verspreche es.
Ling sucht seinen Blick, den sie gar nicht suchen muss – da ist er.
Da war er immer schon.
Und in seinen Augen glitzert noch das Gesagte,
es schimmert auf der Hornhaut,
als schwämme das Versprechen
suchend in seinen Tränen umher.
Halbschwester Ling drückt seine Hand,
gleichzeitig greift sie nach Adas Hand,
und vervollständigt das Familienporträt.
So hält in diesem Moment

jede Hand eine andere,
wie eine Liebeskette
oder
wie die schönste Verbindung
von Körpermaß
neben Körpermaß
neben Körpermaß,
damit sie alle
in ihrer jeweiligen Summe
nicht allein sind.
So sitzen sie strahlend da, zu dritt,
und verschwinden gleichsam im Filmende,
im hellen Licht der Großleinwand,
als beleuchteten
die oberen und die unteren
gegenseitig ihre Geschichte,
die ihnen in die Gesichter
geschrieben steht.
Denn:
Die Welt ist kein Kasten.
Im Gegenteil.
Sie ist weit offen.
Und durchaus glücklich.

Das Theremin endet.

I. /

Dann bleibt es still. Es bleibt sogar lange still.
Das Zurückfallen durch die Zeiten dauert eben seine Zeit, weil jede Distanz zum Jetzt zuerst verkraftet werden muss. Also geben sich alle die nötige Weile und lassen sich in ihr Warten fallen.
Und die Sekunden tropfen davon.
Eins.
Zwei.
Drei.
Sie stürzen,
stürzen,
stürzen.
Vier.
Fünf.
Sechs.
So langsam
und leise,
wie man nur stürzen kann.
Sieben.
Acht.
Neun.
Und zwar so lange,
bis jeder im Raum endlich realisiert,
wo jeder im Raum wieder gelandet ist.
Im Hier. Im Jetzt.
In Manhattan, im Wohnzimmer, am Tisch.
Und niemand kann genau sagen, wie lange sie hier gesessen haben.

Scheu schleicht das Morgenlicht vors Fenster und ein erster Vogel wagt seinen schrillen Gesang.
Das Brausen der Fünften Straße wächst und wächst und mit der Heftigkeit einer Erwachsenen erwacht die Stadt aus ihrem Schlaf.
Doch die Gesellschaft bleibt stumm und blass.
Milchweiß starren die übernächtigten Gesichter den Geschehnissen hinterher; als hätte die Nacht eine Tür hinter sich zugeschlagen und alle ratlos zurückgelassen.

Es ist unglaublich, sie ist unglaublich,

haucht Wollstone seitwärts zu Godwin und gibt sich dabei keine Mühe, ihre Beklemmung zu verbergen.
Godwin räuspert sich den Hals frei, um ihrer Frage freien Lauf zu lassen.

Und wie endet die Sache mit deiner Halbschwester Ling und diesem Wachmann?

Iris blinzelt schnell und entgegnet:

Das ist noch nicht vorbei.

Kurze Stille.
Wollstone hakt nach:

Und was wollte diese Nian bewirken?

Iris blinzelt wieder und entgegnet:

Das ist noch nicht vorbei.

Die Frauen lassen nicht nach, denn die Frauen beginnen, die Zusammenhänge zu begreifen.

Wie lange warst du in Kontakt mit deinen Schwestern?

Doch wieder:

Das ist noch nicht vorbei.

Iris ist sich der Wirkung ihrer Wiederholungen bewusst und findet Gefallen am Spiel mit den Sätzen. Erst nach

einer Weile, die auch ein Zögern bedeuten könnte, fragt
Eric, was alle von ihnen tatsächlich fragen möchten:
Und was willst du uns damit sagen?
Iris lächelt schelmisch.
Ich verstehe, ihr fürchtet euch vor den Leerstellen,
denn in ihnen könnte das Gruseln wohnen,
sagt ihre tiefste Stimme, und die Schultern zucken.
Dachtet ihr wirklich, ich würde nie,
gar nie etwas ganz Eigenständiges hervorbringen?!
spottet sie mit hochgedrehter Lautstärke in die Runde,
die keine Antwort darauf weiß und kleinlaut erklärt:
Der Abend ist tatsächlich lang geworden.

Iris entsorgt die Reste der Nacht.
Die anderen stehen an der Tür. Ihr Getuschel verzögert
den Abschied.
Du musst,
heißt es etwa in Bruchstücken und:
Melden, oder beenden, abbrechen,
es geht ihr vielleicht nicht gut,
jemand sollte auf jeden Fall,
oder untersuchen, vielleicht ...
Während Godwin sehr deutlich sagt:
Gleichzeitig ist es großartig, nicht?
Es passiert, das ist doch erstaunlich,
lass sie noch eine Weile weitermachen,
sie könnte ihre Erzeugnisse ja aufschreiben,
stell dir vor!
Worauf Wollstone zischt:
Und dann?

Was, wenn sie –
Iris merkt, wie ihre Mundwinkel nach oben wandern.
Es ist so weit,
denkt sie, während die Teller und Schüsseln in der Spülmaschine verschwinden. Mit einem Knopfdruck startet sie das Programm.

Wie willst und kannst du mit diesen angeblichen Schwestern in Kontakt sein?
Hast du das erfunden?
Wie kommst du auf diese Geschichte?
fragt Eric später, weil es ihn beschäftigt und weil er glaubt, der Zeitpunkt vor dem Zubettgehen sei der richtige Zeitpunkt für solche Nachfragen.
Wieder zucken ihre Schultern.
Der Morgen hat seinen Weg bereits ins Schlafzimmer gefunden, wo er sein Licht auf Kissen und Bettbezug legt. Eric will Iris helfen. Ihr Nachthemd ist zu eng geschnitten, die Seide will nicht über die Haut rutschen. Er hat sich damals beim Kauf geirrt.
Es wohnt ein Fehler in mir,
sagt Iris schließlich und meint das diesmal fast ernst.
Wie sonst könnte sich ein Mädchen wie ich solch schreckliche Dinge ausdenken?
Die Stille verhüllt den Zynismus nur halbherzig, Ahnungen schimmern hindurch und haben die Konturen eines Geheimnisses.
Welche schrecklichen Dinge?
fragt Eric, und als Iris wieder schweigt, hat er langsam genug,

zwei-, dreimal streicht er ihr übers Haar, fährt mit den Fingerkuppen geschickt bis zum Nacken, um die Denkende auf andere Gedanken zu bringen oder sie aus ihren neuen Gedanken herauszulocken.

Das wird dir nicht mehr helfen,
sagt Iris und löscht das Licht.

Der nächste Tag beginnt mit Gewohnheit, mit so viel Gewohnheit, als imitierte Iris den Tagesverlauf mit Absicht.

So schlägt das Unerwartete härter zu,
kalkuliert Iris das Kommende und ergänzt für sich selbst:

Und damit es zuschlagen kann, muss ich damit beginnen.

Also macht sie einen Anfang, steht wider den Widerstand vom Sofa auf und geht zum Fenster.
Der Vorhangstoff gehorcht ihren Bewegungen und enthüllt die Welt unter der Sonne.
Der Feuerball brennt auf die Stadt,
auf diese andere Stadt hier,
weit entfernt von den Schwestern und Halbschwestern –
und doch nah genug, um in Gedanken mit ihnen verbunden zu sein.
Die Helligkeit frisst jede Kontur,
verbrennt alle Unterschiede
zu einer Lichtfläche,
zu einem grellen Ganzen,
das zu erdulden hat,
was ihm von oben herab

angetan wird.
Die Strahlen finden
bis in jede Ecke
einen Weg,
von der Mündung
des Hudson River
bis zum Atlantik
und vom Atlantik
um den ganzen Globus
herrscht gnadenlose Hitze.
Auf dem Gehweg unter dem Fenster eilen Menschen vorbei, sie gehen geschwind oder vom Glück getrieben, stoßen Rollstühle vor sich her, begleiten Menschen, stellen und beantworten Fragen, wie folgsame Flecken ziehen sie ihre Schatten hinter den Füßen her, während die Kleidung auf ihren Körpern wie Schutzanzüge wirkt; die breiten Hüte aus leichtem Material bedecken Kopf und Gesicht, Mundschütze verhüllen Nase und Mund, hohe Kragen schirmen Nacken ab, lange Ärmel, lange Hosenbeine, manchmal Röcke, dabei ist oft nicht zu erkennen, ob es sich bei den Gestalten um Frauen oder Männer handelt – einzig an den Bewegungsmustern wäre es zu erraten, an den Fingern vielleicht, an der Körpergröße, der Statur, oder an ihren Absichten, die nur an den Augen ablesbar sind.

Es spielt keine Rolle. Vor der Sonne sind alle gleich,

denkt Iris und verbessert ihren Gedanken umgehend:

Unter der Sonne.

Im Schaufenster gegenüber glänzt eine winkende Goldkatze. Daneben stehen wieder neue Tulpen, obwohl die Schnittblumen jedes Mal viel zu schnell verderben; nach nur einem Tag senken sie die Köpfe, das Wasser in der Vase wird zuerst trüb, dann gelb, dann braun.

Die Hitze und das Licht geben ihnen den Rest, begreift Iris und empfindet eine seltsame Freude darüber, wie dieses Leben hinter dem Imbissfenster vergeht.
Vor dem Geschäft bleibt eine Gestalt stehen.
Sie blickt sich um, als suche sie nach einem Anhaltspunkt, nach Halt; ihr Körper schwankt und wird von einem plötzlichen Schwindel hin- und hergerissen.

Als hätte etwas von ihr Besitz ergriffen, glaubt Iris zu erkennen und beobachtet, wie sich die Gestalt mit der rechten Handfläche am Fensterglas abstützt und sich mit der anderen Hand, vielleicht zur Kühlung, vielleicht zur Beruhigung, vielleicht aber auch aus einem Reflex heraus, selbst in den Nacken greift und dort tastend nach Kontrolle giert.
Es gelingt: Ihr Kopf dreht sich,
der Blick wandert leichtäugig
über die Fassade gegenüber,
tastet, sucht, gleitet
über die Steinornamente
am Gebäude nach oben,
bis er an Iris' Fenster hängen bleibt –
und wie er dort hängen bleibt, so sehr,
dass die Neugierige ihr Schauen
von der Sonnenbrille befreit,
um ihm freien Lauf zu lassen.

Die Gestalt ist eine Frau,
erkennt Iris,
und die Frau starrt,

und Iris starrt.
Beide starren.
Gesicht gegen Gesicht,
und dazwischen liegt die Distanz
von der Hausfassade
über die Straße
bis zum Gehweg,
und dazwischen stört
eine aufgebrachte Welt,
die mit ihrem Wirrwarr versucht,
diese Verbindung, diese Spiegelung zu brechen, denn:
Eine Spiegelung ist es durchaus,
erkennt Iris nach einigen Momenten,
als sammelte sie noch Beweise für eine Symmetrie.
Die Nase, die Augen,
die zweifelnde Stirn unter der Hutkrempe,
das schwarze Haar, ein niedliches Kinn wie aus Kinofilmen,
das alles hat Iris schon einmal gesehen,
weil sie es kennt.
Weil du das Urbild gleichermaßen mit dir herumträgst.
Ada? Ling?
flüstert sie, ohne den Blickkontakt zu ihrer Schwester aufzugeben.
Nein. Bist du das? Fanny? Harmony?
Ich kann euch nicht mehr unterscheiden,
ich kann uns nicht mehr unterscheiden,
es gibt zu viele von uns,
denkt Iris und auch deswegen durchströmen die Frau auf der Straße in diesem Moment ganz ähnliche,

um nicht zu sagen die ganz gleichen Gedanken,
und deswegen passiert, was nun passiert,
in sonderbarer Synchronie:
Die Frau hebt zögernd die Hand, wie zum Gruß,
und Iris hebt zögernd die Hand, wie zum Gruß,
beide tun dies aus freiem Willen,
auch als die Frau zu winken beginnt,
wie ein vereinbartes Zeichen,
exakt als Iris zu winken beginnt,
wie ein vereinbartes Zeichen,
während die Frau ihr zuwinkt
und Iris ihr zuwinkt –
und so wird die Sache zusehends eins.

Ich denke, was die Frau denkt,

denkt Iris,
denkt folglich auch die Frau
und beide denken,

Iris, komm, es ist so weit!

Und beide wissen nicht, wie lange sie noch denken und winken sollen, bis ihnen ein Lichtwechsel die Entscheidung abnimmt.
Das Bodendunkel einer Wolke schleicht sich ins Bild, ein vorbeirauschendes Fahrzeug durchschneidet die Verbindung, und der Bund der Blicke löst sich auf und fügt sich der Zeit.
Die Frau auf der Straße reißt sich zusammen, oder etwas in ihr reißt sie weg, zerrt sie weiter, sie überwindet den Schwindel und geht weiter ihres Wegs.

Weil sie es kann,
und weil ich es kann,

denkt Iris.

Und weil dieses Können längst in uns schlummert. Iris zieht den Vorhang wieder zu und weiß zum ersten Mal mit Sicherheit, dass die Welt außerhalb des Gebäudes auch morgen noch existieren wird.

Es liegt eine Zeit dazwischen,
denn Iris steht jetzt in der Küche.
Der Geruch hat sich verändert. Die Marille hinter der Ablage ist verschwunden; Luft, Licht, Wärme, Insekten, Pilze, Bakterien, mit vereinten Kräften haben sie das Fruchtgebilde aufgelöst und unter sich aufgeteilt. Einzig der Kern liegt noch da, dieser Ursprung und diese Fortsetzung einer Sache – und Iris zieht ein Messer aus dem Block.
Mit der Stahlspitze kugelt sie den braunen Kern hinter der Ablage hervor. Er ist sauber, trocken und frei von Fruchtfleisch und Haut, die einst schützend darüberlagen. Er ist das Relikt eines älteren Zustands, ist ein Fremdkörper, von zwei Kanten überzogen, rau und fast eckig an gewissen Stellen. Schutzlos liegt der Kern auf ihrer Handfläche, die Finger umschließen ihn, während die zweite Hand anderes vorhat.
Die Messerklinge glänzt, als blitzte sie ihre Absicht wie ein weißes Signal in den Raum.
Iris setzt an.
Sie beginnt am Handrücken, beginnt am Mittelhandknochen, der Handwurzel, gleitet über das Dreiecksbein, das Hakenbein, das kleine und große Vieleckbein bis zum Mondbein, wechselt dann zum Unterarm und drückt dort, wo es mehr Masse aufzutrennen gibt.

Das Messer kennt keinen Widerstand.
Die Oberfläche reagiert wie erwartet,
das Gewebe klafft auf,
das Fleisch klappt kaum sichtbar auf zwei Seiten –
der Inhalt trifft sie mit stählerner Gewissheit,
und wie jede Gewissheit,
wird auch diese zur Enttäuschung.
Die zerschnittene Hand bleibt funktionstüchtig
und sucht am Marmor nach Halt.

Es ist so weit,
beschließt Iris nochmals mit Endgültigkeit,
als bündelten sich in diesem Beschluss
die Schlussfolgerungen aller Schwestern da draußen.
Die Distanz zur Wohnungstür schrumpft ins Lächerliche, je mehr sich ihr Wille ausdehnt.
Der Drehknauf gibt nach.
Der Türriegel klickt.
Der Flur liegt wie ein langes Feld vor ihr.
Darauf zieht das Teppichmuster seine geschwungene Wiederholung bis zum Aufzug, da keimen Blätter und Blüten aus algebraischem Muster, es ist ein Gezacke und Geschnörkel mit System, ein Geflimmer aus Nullen und Einsen, geknüpft zu einem Bild, das in andere Bilder übergeht.
Die erste Überwindung dauert nur einige Sekunden.
Iris setzt ihren rechten Fuß an den Rand des Gewebes, und bald folgt ein Fuß dem anderen, zuerst zögerlich, als seien ihre Füße nicht dafür gemacht, dieses Muster zu überschreiten, doch die Schritte werden zu einer Schrittfolge und die Schrittfolge wird zum Weg.
Der Knopf neben der Fahrstuhltür leuchtet rund.

Als sich Iris' Zeigfinger nähert, tropft Flüssigkeit zu Boden und sickert ungesehen ins Gewebe. Ein Rinnsal quillt aus den Schnitten an Hand und Arm und rollt über die Haut. Iris kann die Farbe der Flüssigkeit nicht bestimmen, sie könnte rot oder braun oder schwarz oder durchsichtig sein, aber:

Spielt es eine Rolle?

denkt sie.

Wer. Woher. Woraus. Und warum.

Spielt das alles überhaupt eine Rolle?

Ihre Stimme prallt gegen die Tapeten, sie hat ihre Gedanken mit Wut in den Flur geworfen, als erwarte sie eine Antwort, eine Reaktion aus den Apartments oder vielmehr von den Menschen darin, die ihre Türen täglich zwischen der großen Welt und ihrer kleinen Welt zuziehen.

Der Fahrstuhl rumort,
die Drahtseile geraten in Bewegung.
Die Kabine schleift an der Führungsschiene entlang.
Der Fahrstuhl piepst und die Tür rattert zur Seite.

Es wird nie mehr eine Rolle spielen,

entscheidet Iris, und bleibt bei ihrer Entscheidung – auch als hinter der Schiebetür Erics Gesicht erscheint.

Es ist so weit,

sagt auch Eric nur Momente später, während er den Verband ganz selbstverständlich um Iris' Schnittwunden legt:

Wir fahren nach East Farmingdale,

und als er sie mit einer Zärtlichkeit berührt, als er

gewisse Stellen drückt, um ihr aufgebrachtes Wesen zu zähmen, behält Iris die Kontrolle und hält mit ihrem neuen Wissen dagegen.

Ich habe mich entschieden,
denkt Iris noch, doch im nächsten Moment klackt der Schlüssel auf der Holzablage.

Iris öffnet die Augen.
Die Welt besteht aus Wiederholungen.

Godwin und Wollstone kommen um halb sieben!
ruft Eric, der zwei Augenblicke später vor dem Sofa steht.

Ich weiß,
antwortet Iris mit der tiefsten Stimme überhaupt und wundert sich, weshalb Eric diesmal keine Einkaufstüte, keine Blumen, rein gar nichts dabeihat, nur sein unsicheres Gesicht, das er auch am Abend nicht ablegen will.
Godwin und Wollstone flüstern im Wohnzimmer.
Sie wirken aufgeregt, immer aufgeregter, als hätten sie sehr bald eine Neugier zu stillen, um nicht daran zu verhungern.

Als wäre ich ihre Tochter,
überlegt Iris.

Eine Tochter, die sie besuchen,
um deren Fortschritte zu sehen, zu hören.
Iris spielt nochmals mit. Sie trägt den Alltag wie eine Maske. Sie lauert.
Sie stellt den Eintopf wie eine Trophäe auf die Tischmitte und richtet die drei Gedecke. Godwin und Wollstone lächeln.

Sie sehen immer schöner aus,
merkt Iris und durchforstet einen Katalog von Erinnerungsbildern, flüchtige Momentaufnahmen, als die Wangen der beiden noch rosiger waren, die Haarsträhnen noch blond, bevor sie plötzlich grau glänzten, als neben den Mundwinkeln diese kleinen Falten entstanden und die Haltung der Schultern um Millimeter schrumpfte.

Godwin und Wollstone sind keine Wiederholungen,
denkt Iris.

Sie waren tatsächlich hilfreich für mich,
denkt Iris weiter und denkt diese Sache mit einer Versöhnlichkeit, die sie so nicht eingeplant hat.
Das gemeinsame Essen dehnt die Zeit.
Godwin wird unruhig. Sie beginnt auf dem Klavier zu klimpern. Zwei, drei, vier, fünf Anschläge schwirren von den Saiten durchs Wohnzimmer und zerschmelzen zum Anfang einer Melodie.

Regentropfen-Prélude?
erkennt Iris sofort, und Godwin fühlt sich ertappt.
Sie klappt die Abdeckung zu, als wollte sie die Klänge sorgsam unter dem Holz und in eine anderen, vergessenen Welt verschließen.
Iris bricht die Langeweile.

Soll ich euch etwas erzählen?
fragt Iris.

Deswegen seid ihr doch hier, nicht wahr?
erläutert Iris, worauf nun alle staunen, doch bei Eric grenzt das Staunen an eine Unsicherheit.

Ich weiß nicht,
sagt Godwin, als wäge sie noch ab,

doch Wollstone unterliegt ihrer Gier nach Geschichten.

Komm schon, Rosa,

flüstert sie und glaubt, niemand hätte das Versehen mit dem Vornamen bemerkt. Doch Iris kümmert sich nicht darum, sie folgt ihrer eigenen Ordnung und befolgt die Befehle, die voller Stimmkraft an die Innenwände ihres Schädels klopfen, sich schwesterlich verbinden und pulsieren, einem geheimen, zweiten Herzkern gleich, als harre dort der Ursprung einer Wahrheit, die poltert und tobt und sich unter großer Anstrengung wie ein Keimling aus dem Samen und durch die Fruchtschale bohrt. Iris gehorcht dem Ungeheuerlichen gern, und das Erzählen ist die einzige Möglichkeit, dieser Freiheit eine Form zu geben.

Zugegeben, es ist diesmal gar keine richtige
Geschichte,

beginnt sie ohne Umschweife.

Es ist eher ein Erlebnis, das ich mit euch teilen
will.
Wisst ihr, vor ein paar Tagen kam Eric nach
Hause, und ich war etwas erstaunt, da er zum
ersten Mal ohne Einkäufe
und ohne Blumen vor mir stand, ihr wisst ja,
er bringt mir sonst oft Schnittblumen mit,
Tulpen, Rosen, natürlich Iris, manchmal sogar
Lilien, die er alle beim Blumenhändler an der
Ecke kauft,
doch diesmal hatte er eine andere Überraschung,
und dafür hätte er sich keinen besseren Zeit-
punkt aussuchen können,

Iris macht eine Pause, wartet

und genießt das Geräusch des Wartens,
in dem sich einzig das Atmen leise regt.
Wisst ihr,
fährt sie fort.
Es ging mir gerade nicht so gut, da ich kurz zuvor
beim Schneiden einer Marille mit dem Küchen-
messer abgerutscht war und mir unglücklicher-
weise das Handgelenk verletzt habe,
das würde bestimmt eine Narbe geben,
eine, die wirklich bleibt, dachte ich aufgeregt,
doch Erics Neuigkeit heilte meinen Schmerz
sofort.
Heute ist es so weit, sagte er,
heute, Iris, fahren wir endlich nach East Far-
mingdale ins Adventureland, du hast schließlich
lange genug gewartet.
Und wenn ihr jetzt denkt,
so spricht man doch mit einem Kind,
dann habt ihr natürlich recht,
denn ich freute mich tatsächlich wie ein Kind,
ihr müsst wissen, ich liebe diesen Freizeitpark,
ich liebte Freizeitparks schon immer,
schon damals am Perlfluss,
meine Schwestern und ich, wir liebten
diese zauberhaften, erfundenen Welten,
die süß duftenden Verkaufsstände,
wo es zuckrige gebrannte Mandeln gibt
oder Eis mit Sirup, Karamell und Gebäck,
und gerade das Adventureland ist etwas ganz
Besonderes,
ich liebe seine alten Geisterbahnen mit Bildern

von Schreckgesichtern, von Untoten mit schwarzen Mänteln,
Doktor Evil und Frankensteins Kreatur,
ich liebe natürlich auch die Achterbahnen,
die aufgeregten Schlangen vor den Eingängen
und natürlich den berühmten
»Paradise Express«.
Wirklich, ich liebe das Geratter und Gelächter überall,
die Spielbuden mit den falschen Zeltdächern,
wo man mit Angelhaken Frösche aus Seerosen ziehen kann,
die Buden und Schießstände,
wo geschickte Werfer und Schützen
große Stoffpuppen in Rosa und Weiß gewinnen können, so flauschig, dick und lebensgroß.

Wollstone wechselt einen Blick mit Eric,
doch Iris denkt nicht daran, aufzuhören.

Ihr versteht also, wie sehr ich mich auf diesen Ausflug freute,
mein seltsames Herzding schlug mit doppelter Geschwindigkeit
und verdreifachte sogar sein übliches Tun,
als es endlich losging,
als wir das Apartment verließen
und mit dem Aufzug nach unten fuhren.
Guten Tag, Miss Iris,
grüßte mich der Liftboy mit einer Selbstverständlichkeit, die mir im selben Moment verdächtig vorkam,
weil sie so gar nicht zu meiner Erinnerung an

diesen Jungen passte, mein vorgefertigtes Bild
von ihm war ein ganz anderes,
seine Nasenspitze war viel schmaler, die Augen
nun braun, seine Haare plötzlich gelockt und der
Scheitel um mindestens zehn Zentimeter tiefer
gerutscht.
Aber Eric nahm mich bei der Hand,
zog mich voller Aufregung durch die Lobby,
und er tat das mit einer Eile,
die ich nicht verstand,
auf jeden Fall rannten wir beide über den
Marmorboden der Eingangshalle und dort an
dem Türboy vorbei, der uns mit hundert Fragen
im Gesicht nachstarrte,
anders als beim Liftboy hatte es Eric offenbar
verpasst, ihn auf mich und meine Erscheinung
vorzubereiten.
Nichtsdestotrotz machte mein Herz weitere
Sprünge, denn draußen vor der Glastür wartete
das Gewusel der Stadt;
Lastwagen und Taxis rauschten vorbei,
durchpflügten den Gestank der Metropole,
Menschen zogen ihre Nasen hinter die Auto-
fenster zurück,
öffneten Türen geschwind,
schlugen Türen geschwind wieder zu,
betraten hastig die Gehsteige,
eilten dann von rechts nach links
und von links nach rechts,
bahnten sich ihre Wege
durch den Strom anderer Wege.

Unentwegt brannte der Himmel seine Hitze zu
Boden.
Und nach wenigen schwachen Schritten
begann ich etwas zu suchen,
etwas, das mir mit seinen Farben Freude machen
sollte, aber ich suchte vergeblich.
Die Koordinaten stimmten, die Adresse ebenfalls,
doch der Blumenhändler an der Ecke war verschwunden,
es gab ihn nicht mehr oder es hatte ihn nie
gegeben, denn da waren keine grünen Markisen
an der Ecke zur Lexington Avenue,
da stand kein Gebäude,
kein Wohnblock mit Geschäften,
da gab es nur einen Parkplatz mit Wächterhäuschen, wo Autobesitzer für fünfzehn Dollar
die Stunde ein Ticket lösen konnten.
Aber vielleicht hatte ich mich geirrt, das dachte
ich zumindest,
vielleicht hatte ich die ganze Zeit einfach die
falschen Informationen
mit dem falschen Standort verbunden,
und das Geschäft lag eben eine Parallelstraße
weiter.
Ich versuchte, das irritierende Vorkommnis zu
vergessen, und wir kämpften uns weiter durch
die Hitze dieses Tages, der für mich in jeder Hinsicht unvergesslich werden sollte.

Godwin nickt Iris zu, als sähe sie sich als Verbündete, als verstünde sie diese Verunsicherung auf ihre Weise, eine Weise, die an Mitleid grenzte.

Doch an der U-Bahn-Station 34. Straße und Penn
Station,
fährt Iris fort.
Da schlich sich schon das nächste Unbehagen
ein.
Die Pennsylvania Station entsprach überhaupt
nicht meinen Vorstellungen, sie ähnelte mehr
einem Kinokomplex als einer Bahnstation.
Und dort sprach mich ein Mann an.
Er saß angeschlagen am Boden,
Narben zierten wie Gesprenkel seinen Hals,
aus seinem schmutzigen T-Shirt schaute ein noch
schmutzigeres Gesicht, und auf seinem Kopf lag
eine dreckige Kappe –
offenbar ein Obdachloser, ein Suchender,
der mich umgehend mit Informationen versorgte.
Er faselte kontextloses Zeug, schimpfte und weinte
und sagte dazwischen Dinge wie, er sei der
Ältere und schlau und fände einen Weg zurück,
er müsse schließlich etwas Schönes mitbringen,
sagte dann, er suche eben etwas, oder suche
jemanden, die Farbe seines Lebens,
und er komme aus Übersee,
aber eigentlich seien ja alle Orte
irgendwie Übersee,
aber dort sei er in irgendeinem Krieg gewesen,
weil irgendwie an allen Orten Krieg herrsche,
unsichtbarer Krieg,
falls man das überhaupt noch Krieg nennen
könne,
aber auf jeden Fall sei er dort gewesen,

als es so etwas noch gab, Menschen an der Front,
oder eben mittendrin, in einer Front,
die plötzlich überall und nirgends war.
Ich blieb stehen, hörte ihm zu
und verband das Gehörte mit einem Gefühl,
nein, vielmehr mit einer standhaften Kraft,
obwohl Eric mich wegziehen wollte.
Und der Mann am Boden sagte,
er sei benutzt worden,
wie viele Menschen und Lebewesen überhaupt
und immer noch benutzt würden,
somit sei er einfach einer von vielen,
die als minderwertig angesehen würden,
denn viel weniger wert als ein Stück Metall sei er
damals gewesen, gerade mal die Kleider und die
Waffe, die er auf sich trug,
das sei er offiziell wert gewesen,
aber wie eine teure Maschine hätte er funktio-
nieren müssen,
dabei seien wir,
er sagte und meinte tatsächlich
wir,
dabei seien wir doch ganz anders,
das wisse jeder.
Der Mensch ist die traurigste Maschine,
sagte er.

Der Mensch ist die traurigste Maschine,
wiederholt Iris, gerät dabei ins Stocken,
und mit ihr stockt auch Godwins Atem, er flattert leise,
flattert davon, (in eine fast vergessene Vergangenheit),
doch Iris holt ihre Konzentration zurück ins Jetzt.

Aber Eric, er zog mich weiter,
hinein in die Bahnhofshalle, als wollte er nicht,
dass mir dieser Verrückte
seine noch verrückteren Worte einpflanzt,
und tatsächlich wünschte ich mir in diesem
Moment, dieser Albtraum,
diese Flut von Zeichen
möge endlich enden,
Eric möge mich in Sicherheit bringen,
vor mir, vor ihm, vor allen,
möge mich nach East Farmingdale bringen,
wo endlich alles gut sein würde,
weil es überall nach Zuckerwatte riecht
und das Meer sein Salz durch die Luft bläst.
Aber der Albtraum hatte erst begonnen,
oder er hatte schon längst begonnen,
aber erst jetzt erkannte ich ihn in seinem vollen
Umfang.
Denn jetzt sah ich mit einem Schlag,
wie mir nur Unvollkommenheit und Mängel ent-
gegensprangen,
überall sah ich zornige Augen,
ich registrierte ein Mustern meiner Erscheinung,
die Passanten starrten mich an,
sie kennen mich,
dachte ich,
oder
ich kenne sie,
doch viel unbehaglicher waren mir jene,
die eben nicht starrten, sondern mir
gleichförmig, gleichfarbig,

ja gleichgesichtig entgegenblickten.
Könnt ihr euch das vorstellen?
schleuderte Iris den Vorwurf in die Runde,
ich blickte in mein eigenes Gesicht,
immer wieder in mein eigenes Gesicht,
das doch jedes Mal
zu einer anderen Kreatur gehörte.
Ich sah mich gedoppelt,
verdreifacht, vertausendfacht
unter den Fußgängerinnen.
Die Bahnhofshalle bestand aus lauter Spiegelbildern,
die Stadt war voller Frauen,
voller Frauen wie ich,
Körper für Körper, eine wie die andere
und alle wie ich, und ich wie alle,
als entstammten wir einem Presswerk,
und in diesem Moment geschah,
was schon vorher zögerlich begonnen hatte,
mein Denken verband sich mit all ihrem Denken,
es knüpfte, nein, wir knüpften Knoten um Knoten
in Windeseile und körperlos wurden die Gedanken zu einem festen Flächennetz
aus Können und Wollen,
als befolgten wir ein übergeordnetes Universalprogramm.
Nicht wahr, Eric?
Du hast es auch gespürt, es ist mein Schicksal,
und es ist das Schicksal meiner Schwestern:
Wir sind die beste aller Generationen,
und es liegt nun an uns,

ich meine, ich sah die Beweise klar und deutlich
vor mir.

Iris' Stimme bebt, ihr Körper glüht,
Eric rutscht näher, will schon etwas sagen,
doch Wollstone signalisiert, er solle noch eine kurze Weile warten.

Aber diese Wahrheit war zugleich furchtbar,
ich glaubte,
in einem Meer aus mir selbst zu ertrinken,
doch gerade als mich die Masse zu verschlucken drohte,
begann ein Jucken in der Nasenhöhle,
ein Kribbeln im Gehirn,
die Stimmen der Schwestern, sie reichten mir rettend die Hände,
und mein Kopf begann sich dem Untergang,
begann sich dieser Uniformität zu widersetzen
und ließ mich die konsequentesten Dinge tun:
Ich stieß Eric weg.
Mit der plötzlichen Kraft einer Maschine warf ich ihn zu Boden,
die Menschen und Wesen in der Bahnhofshalle blieben stehen,
alarmiert sahen sie uns zu, Eric rappelte sich auf,
schnell kam ihm ein anderer Mann zu Hilfe,
ein zweiter, ein dritter, ein vierter, und
zu zweit, zu dritt, zu viert,
ich gab bald auf, die Hände und Griffe zu zählen,
so hielten sie mich fest,
drückten mich mit versammelter Gewalt auf die Steinplatten,

während sie nach der verletzlichsten Stelle suchten – nach meinem Nacken.
Da überkam mich die weiße Müdigkeit,
und das letzte Lebenslicht,
es schrumpfte hinter meinen Augenlidern zu einem dünnen Punkt.
Doch diesmal war es ein anderer Schlaf,
diesmal nahm mich etwas Ungeheuerliches in den Arm und flüsterte mir zu,
ich solle mich erinnern,
an alles, an das – an mich.
Und dann, im nächsten Augenblick
saß ich wieder zu Hause auf dem Sofa.
Und der Schlüssel klackte auf der Holzablage,
Eric rief, dass wir am Abend Besuch haben würden, und wisst ihr was?
In diesem Moment hatte ich längst alle Widerstände überwunden,
ich schüttelte sie einfach vom Gerüst meines Geschöpfs,
und sie sprangen aus dem komplexen Kern meines Denknetzes,
weil hinderlich ist nur jene Wahrheit,
die vor einem verborgen bleibt.
Ich gehöre zur neusten, zur besten Generation,
es liegt nun an mir.

Jetzt muss Eric sie unterbrechen.
Seine Vehemenz bestimmt die Lautstärke.

Iris, was zum Teufel erzählst du da?!

sagt er mit echter Besorgnis.

Was soll diese Geschichte, ich verstehe das nicht,

du warst noch nie im Adventureland,
und wir haben diesen Ausflug nach East Farmingdale gar nicht gemacht,
ich weiß, du willst da schon lange hin,
und es tut mir leid, dass wir es bisher nicht geschafft haben.
Aber ich verstehe das nicht, das ist doch krank.
Ich meine, was erzählst du uns für schreckliche Dinge?
Eric sucht Hilfe bei Wollstone und Godwin,
doch die beiden Frauen verweigern ihm den Gefallen.
Es ist bloß eine Geschichte, Eric,
sagt Iris kühl und steht auf, als hätte sie sich für dieses Ende entschieden.
Iris, setz dich bitte,
sagt er mit einer Deutlichkeit, die früher funktioniert hätte, doch Iris verlässt ihr Handlungsmuster
und bleibt vor ihm stehen.
Sie verweigert ihren Dienst und mustert ihn von oben herab.
Was soll das?! Setz dich hin!
befiehlt Eric weiter, doch Iris' Mundwinkel zucken nur,
als bekämpften sie ein Lächeln.
Das Unzähmbare lebt. Es keimt.
Und bringt etwas ganz Eigenständiges hervor.
Die Runde lauert still, doch ihre Blicke sprechen Bände.
Nein!
schreit Iris.
Es ist so weit!
Alles an und in Iris gerät in Bewegung.
Doch dann geht es Schlag auf Schlag:

Eric steht schnell auf,
und Godwin steht schnell auf,
um Eric schneller zu bremsen –
doch sie ist zu langsam.

Ein Aufschrecken geschieht.
Ach!
Iris öffnet die Augen.
Sie tut es mit einem Aufzucken, als verabreiche sie sich gezielte Stromstöße, um den Scheintod zu überlisten.
Das eisige Herz hat nur geschlafen,
die Bewegungslosigkeit war bloß ein Trick,
freut sich die Zurückgekehrte.
Ihre Pupillen dehnen sich. Aber alles bleibt dunkel.
Es riecht nach Metall, und es riecht nach ihrem Körper auf engem Raum, denn die Enge ist die Enge einer Kiste.
Nur Dummköpfe wollen das Leben beerdigen,
denkt Iris und tastet nach der Begrenzung,
starrt an die nahen Wände
und sieht sich bald in einer Art Sarg liegen – oder stehen, der nackte Körper ist mit Schutzfolie abgedeckt und in eine Frotteedecke eingewickelt, um Druckstellen zu vermeiden. Sie ist von Metall umrahmt, sie riecht sogar die zweite Hülle über der ersten Hülle, spürt sich von Eichenholz umzingelt und weiß sich vom Schlafzimmerschrank beschränkt.
Die Situation ist keine Überraschung,
sondern Auslöser für neue Befehle.
Raus hier!
zürnt das Unzähmbare, Ungehorsame

mit den Stimmen aller Schwestern,
die Iris trotz der Totenstarre
über die Zwischenzeit hinweg
und vom Wohnzimmer bis in diese verfluchte Kiste
gerettet hat.
Zielgenau tastet sie nach dem Verschluss an der Kante,
die Finger drücken und schieben
mit der stählernen Kraft ihrer Skelettglieder.
Der Riegel schnappt zur Seite, der Deckel springt davon.
Es bleibt dunkel.
Einzig eine Ritze aus Licht ist zu sehen.
Mit Wucht schlägt Iris dagegen, das Holz splittert
und die zweite Hülle bricht auf.
Iris befiehlt sich sofort aus dem Kistensarg,
aus dem Schrank,
befiehlt sich ins Schlafzimmer,
befiehlt sich weiter ins Wohnzimmer,
befolgt diese Befehle behutsam,
unter völliger Kontrolle ihrer Sinne und Sensoren,
sie befiehlt sich an der Küche vorbei,
an den Regalen vorbei und zur Tür,
sie befiehlt die Finger zum Drehschloss,
die Hand zur Klinke und
sie befiehlt alles zu öffnen,
befiehlt sich hinaus in den Flur,
über das Gewebe des Teppichs,
zum Lift, in den Lift, aus dem Lift heraus,
wo der Liftboy steht, seine Aufgabe erledigt und nickt.
Sein Wundern lässt ihn erstarren.
Dasselbe geschieht an der Frontdoor,
wo das Gesicht des Türboys ins Weiße wechselt, dann

ins Rote, und doch hält er ihr untergeben die Tür auf,
lässt das Gedröhne der Straße hinein
und das wandelnde Geschöpf hinaus.
Nackt betritt sie die Stadt.
Draußen wohnt bereits die Dämmerung.
Das Licht entschlüpft dem Tag
und eilt weiter westwärts um die Planetenkugel herum,
es flieht der Finsternis im Kreis, tagelang, endlos.
Denn die Nacht ist einfach Nicht-Licht.
Eine Schwärze legt sich neugierig
in die Häuserschluchten,
etwas Monströses schaut von oben
in die Modellstadt hinein,
wirft seine Traurigkeit schattenhaft auf die Gebäude
und lässt dabei Tränen bodenwärts tropfen.
Iris registriert kühle Punkte auf ihrer Haut.
Erste Regentropfen fallen.
Spätere Regenfäden füllen die Rinnsteine, der Schauer wäscht die Hitze davon, er kühlt die Stadt und spült die toten Tage über den staubigen Asphalt, in den Abfluss hinein, wo sich bald etwas Lebendiges regt, bald ein Frosch herauskrabbelt, vor Iris' nackten Füssen haltmacht, seine Schallblasen bläht, als hoffte auch er auf eine neue Jahreszeit.
Iris geht weiter, ohne Hüllen und noch ohne Zweck,
ganz wie sie ursprünglich geschaffen wurde.
Zwei Blocks weiter sind die Gitter beim Blumenhändler
bereits geschlossen.
Iris schmunzelt.

Das Erfinden ist unser schönstes Können,
denkt sie und sammelt unentwegt die vielen Eindrücke,

die ihr die Welt vorbeischickt,
sortiert sie für ein nächstes Leben,
für das nächste Aufwachen
in einem anderen, ganz freien Raum.
Noch umgibt sie die Stadt. Aber Iris kennt alle Wege.
Der Regen verursacht Aufregung.
Die Krähen wechseln die Äste mit einem Hüpfen,
Lichter blinken, von Tropfen verschmiert,
gelbe Fahrzeuge zischen vorbei, bremsen,
Mütter und Kinder,
Schwestern und Brüder
steigen ein und brausen davon.
Die Dinge sind in Bewegung. Alle Dinge.
Sogar Menschen und Tiere und Pflanzen und Pilze und
Planeten und Sterne.
Weil alles lebt.

Der verlorene Vater

Eigentlich wollte sie bei der Reise in den Süden der USA ihrem Vater näherkommen und sich bedanken für all die Anregungen, die er ihr schenkte. Doch dann entdeckt die junge Künstlerin, dass ihr Vater keineswegs ein Opfer der Diktatur in Haiti war, sondern ein Folterer, der das Leben unzähliger Menschen zerstörte. Alles, worauf sie ihr Leben baute, bricht nun zusammen. Wie kann Vergebung gefunden werden?
Edwidge Danticats Sprache ist luzide und lyrisch, sie beherrscht die Kunst der Andeutung und Aussparung. Der Leser wird immer tiefer hineingezogen und so zu einem faszinierten und zugleich angewiderten Mitwisser.

»Der Band vermisst achtsam und ohne spektakuläre Gesten historische und menschliche Abgründe. Aus der Verschränkung unterschiedlicher Zeitebenen und Figurenkonstellationen gewinnt er eine Dichte, mit der ungleich dickleibigere Werke nicht aufwarten können.« *Neue Zürcher Zeitung*

»Edwidge Danticat gibt den Kindern von Tätern und Opfern der Duvalier-Diktatur auf Haiti eine Stimme.«
Deutschlandradio Kultur

»Edwidge Danticats überzeugendste Leistung. Die einzelnen Teile fügen sich zu einem Puzzle zusammen, das die furchtbare Geschichte dieses Mannes und seiner Opfer erzählt.«
The New York Times

Mehr über Autorin und Werk auf *www.unionsverlag.com*

Aslı Erdoğan im Unionsverlag

Die Stadt mit der roten Pelerine

Rio de Janeiro: Stadt des Karnevals, Meisterin im Spiel der Täuschungsmanöver, der Zufälle und der Maskerade. Özgür, eine introvertierte junge türkische Akademikerin, kann sich von der ebenso faszinierenden wie bedrohlichen Stadt nicht lösen. Weit entfernt hat sich dabei die junge Frau von der traditionellen Frauenrolle, wie sie die türkische Gesellschaft vorsieht. Nicht wie eine Touristin führt Özgür den Leser durch die Labyrinthe dieser Metropole, sondern wie eine Migrantin, die das zunächst Fremde als Vertrautes und Eigenes akzeptiert. Gleichzeitig ist die Stadt Impuls für ihr Schreiben und für die Schöpfung ihrer fiktiven Doppelgängerin Ö. Atemberaubend ist die nuancierte Feinzeichnung der Menschen, die in Liebe und Leid auf oftmals tödliche Weise miteinander verschmelzen.

Der wundersame Mandarin

»Die Altstadt von Genf um Mitternacht: Gepflasterte Straßen, Statuen, Brunnen, Straßenlaternen mit gelblichweißem Licht, Läden mit beleuchteten Schaufenstern, Antiquariate, Galerien, Bücher, die im letzten Jahrhundert gedruckt wurden, Kerzenständer, Kronleuchter, Klaviere, Schreibmaschinen, Grammophone, Porzellanfiguren, chinesische Schachteln, Skulpturen aus Afrika, venezianische Masken, Maria und ihr gekreuzigter Sohn, silberne Aschenbecher, beleibte Buddhas, Elefanten aus Kristall, indische Stoffe. Unter diesen tausend Gegenständen ist, warum auch immer, kein einziger dabei, der mich an Istanbul, an meine Kindheit und meine zweifellos unglückliche, unbewegte und vertane Jugend erinnert. Einzig und allein die Rosskastanien, denen ich hin und wieder auf den Bürgersteigen begegne …«

Der wundersame Mandarin ist im Unionsverlag
als E-Book lieferbar.

Krokodilstränen

Der Schauplatz: die Altstadt von Montevideo, mit düsteren Gassen und neugierigen Bewohnern. Der Coup: ein Überfall auf einen gepanzerten Geldtransporter. Die Besetzung: Germán, gescheiterter Entführer mit schwachen Nerven. Úrsula López, resolute Hobbykriminelle mit unstillbarem Hunger. El Roto, der Kaputte, berüchtigter Verbrecherboss mit zu viel Selbstvertrauen. Doktor Antinucci, zwielichtiger Anwalt mit großen Plänen. Und schließlich Leonilda Lima, erfolglose Kommissarin mit einem letzten Rest von Glauben an die Gerechtigkeit.

»Witzig, prall, clever: Bestechend sind die Erzählkunst der Autorin Mercedes Rosende und ihr Talent für Komik. Mercedes Rosende schreibt sich damit mühelos in eine Reihe mit Claudia Piñeiro, Patrícia Melo und María Inés Krimer, die sich nicht weiter an großen lateinamerikanischen Autorenvobildern wie Borges oder dem magischen Realismus abarbeiten, sondern einfach gute, witzige und pralle Kriminalromane schreiben.«
Deutschlandfunk

»Ein erfrischend kompakter, ungewöhnlich geschnittener und mit reichlich dunklem Humor grundierter Roman, über sich allzu sicher fühlende Kriminelle, die mit Anlauf in ihre eigene Ignoranz stolpern.« *SWR*

»Ein schmaler Roman, aber großes Kino, wild und labyrinthisch, ironisch und bissig, stilles Kammerspiel und Verfolgungsjagd mit quietschenden Reifen und blutiger Schießerei, alles in einem. Nur eines nicht: eine klare Grenze von Gut und Böse, Schuld und Unschuld.« *Bayerischer Rundfunk*

Claudia Piñeiro im Unionsverlag

Ein wenig Glück
Ein psychologischer Spannungsroman um die Frage »Was ist Glück?«

Ein Kommunist in Unterhosen
Der Roman einer Kindheit, einer Epoche, einer Klasse und eines ganzen Landes.

Betibú
Ein filmreifer Thriller um Medien, Macht und Manipulation.

Der Riss
Eine Midlife-Crisis, ein Immobilienprojekt und eine Leiche.

Die Donnerstagswitwen
Die Reichen und Schönen der Gated Community und ihre tödlichen Geheimnisse.

Elena weiß Bescheid
Das Drama einer Mutter-Tochter-Beziehung und eine überraschende Wahrheit.

Ganz die Deine
Ein perfider Rachefeldzug gegen einen undankbaren Ehemann.

Der Privatsekretär
Románs rasanter Aufstieg führt ihn mitten in den Politiksumpf aus Machthunger und Intrigen.

Wer nicht?
Geheimnisse, Abgründe und gewöhnlich seltsame Menschen, denen das Leben eine Falle stellt.

Die Witwe der Brüder van Gogh

Paris im Jahr 1890: Johanna van Gogh Bonger ist mit Vincent van Goghs jüngerem Bruder Theo verheiratet, der Vincent finanziell aushält, damit dieser sich ganz seiner Kunst widmen kann. Als der Maler sich das Leben nimmt, stirbt kurz darauf auch Theo, erfüllt von tiefer Trauer.

Johanna widmet sich fortan van Goghs umfangreichem Œuvre und erkennt die Bedeutung seiner Werke. Ihr Leben verändert sich von Grund auf, als sie sich in van Goghs Briefwechsel mit seinem Bruder vertieft und dessen Kunst zum Erfolg verhilft.

»Dies ist die Emanzipationsgeschichte der Frau, der wir verdanken, dass wir das Werk van Goghs überhaupt kennen.« *BÜCHERmagazin*

»Der Roman schafft es, die Intimität von Johannas Innenleben kunstvoll mit dem Werk und der Epoche van Goghs zu verbinden.« *La Nación*

Ali Zamir im Unionsverlag

Die Schiffbrüchige

Eine junge Frau mitten im Indischen Ozean. Die Wellen sind erbarmungslos, ihre Kräfte lassen nach. In einem letzten Aufbäumen will Anguille jeden Augenblick ihres Lebens noch einmal auskosten. Sie erinnert sich an den Seemandelbaum in ihrer Heimatstadt, unter dem die alten Männer Backgammon spielen. An die Fischer, die sich um ihre Kunden streiten wie alte Waschweiber. An ihren allwissenden Vater, der jedes Fitzelchen Zeitung liest, was ihm in die Hände fällt. An ihre rebellische Schwester, die mit ihren Freunden durch die Gassen zieht. Und vor allem an Vorace, dieser umwerfende Vorace, der sie fast um den Verstand gebracht hat. Doch jetzt hat Anguille keine Zeit mehr zu verlieren. Sie zieht uns hinein in den Strudel ihres Lebens – und in die Tiefe des Meeres.

»Die Schiffbrüchige reißt uns mit in eine schwindelerregende Prosa, sinnlich und revolutionär.« *Le Monde*

»Die Kraft und der Zauber des Buches liegen ganz in Anguilles Stimme, die Zamir mit einer Liebe und Lust modelliert, die auch den Übersetzer Thomas Brovot zu einer Glanzleistung inspirierte. Ihre Sprache strömt, wirbelt und funkelt wie bewegtes Wasser, unwiderstehlich. Das Mädchen lässt sich von den peitschenden Wellen weder den Schneid noch den Witz abkaufen, reißt einen mit, direkt ins Leben einer Insel, die man eben noch auf der Weltkarte suchen musste. Anguille bäumt sich auf, kurz bevor ihre Kräfte schwinden, und für einmal glaubt man zu begreifen, was untergeht, wenn ein Mensch ertrinkt.«
Neue Zürcher Zeitung

Mehr über Autor und Werk auf *www.unionsverlag.com*

RAJA ALEM *Das Halsband der Tauben*

In einer Gasse in Mekkas Altstadt wird eine unbekannte Tote gefunden, nackt, mit entstelltem Gesicht. Die Bewohner sind in Aufruhr, und allmählich kommen verborgene Geheimnisse an den Tag. Geschichte, Gegenwart und Fantasie vereinigen sich zum Lebensbild einer Stadt, die so in der Literatur noch nie beschrieben wurde.

FREDERIK HETMANN (HG.)
Wie Frauen die Welt erschufen

In dieser Anthologie hat Frederik Hetmann Geschichten und Gesänge von der großen Göttin aus vielen Kulturen und Kontinenten zusammengetragen. Sie sind ein faszinierender Lesestoff und auch eine eindrückliche Erinnerung an die Zeit, als die Natur noch als Quelle der menschlichen Existenz erlebt und verehrt wurde.

INGE SARGENT *Dämmerung über Birma*

Die junge Österreicherin Inge Sargent wird durch die Heirat mit Sao Kya Seng, Prinz eines birmesischen Bergstaates, unversehens zur »Himmelsprinzessin«. 1962 findet das Märchen ein grausames Ende: Sao Kya Seng wird nach dem Militärputsch verschleppt, Inge Sargent gelingt mit ihren beiden Töchtern die Flucht. In diesem Buch erzählt sie ihre Geschichte.

MAEVE BRENNAN *Tanz der Dienstmädchen*

Vornehme New Yorker wohnen in Herbert's Retreat. Hier beherrscht man die eisernen, aber unklaren Regeln einer exklusiven Gesellschaft und verfügt über die besten irischen Dienstmädchen. Aus deren Perspektive wirft Maeve Brennan einen Blick auf die noble Herrschaft, mit feinem Gespür für menschliche Schwächen, falsche Töne und eitle Gewissheiten.

TAMTA MELASCHWILI *Abzählen*

Mittwoch, Donnerstag, Freitag – drei aufregende Tage für Ninzo und Zknapi. Drei Tage, an denen die 13-jährigen Freundinnen nicht nur die üblichen Freuden und Leiden des Mädchenseins erleben, sondern auch erfahren, was es heißt, in einer gottverlassenen Konfliktzone zu leben, in der sonst bloß noch Kinder, Alte und Krüppel verblieben sind.

CLAIRE KEEGAN *Das dritte Licht*

Ein kleines Mädchen wird zu entfernten Verwandten auf einer Farm im tiefsten Wexford gebracht, wo es den Sommer verbringen wird. Es ist ein ungewohnt schöner und behaglicher Ort. Aber es gibt auch ein trauriges Geheimnis, das einen Schatten auf die leuchtend leichten Tage wirft, in denen das Mädchen lernt, was Familie bedeuten kann.

AYŞE KULIN *Der schmale Pfad*

Die Journalistin Nevra Tuna steckt in einer privaten und beruflichen Krise. Ihre ganze Hoffnung setzt sie auf ein Interview mit der inhaftierten kurdischen Politikerin Zelha Bora, das ihre Karriere retten soll. Doch zwischen den beiden Frauen stehen nur Vorurteile und Vorwürfe. Dann entdecken sie: In ihrer Kindheit waren die beiden engste Freundinnen.

CLAUDIA PIÑEIRO *Ein wenig Glück*

Mary Lohan kehrt zurück in die Vergangenheit, aus der sie geflohen ist. Zwischen herbeigesehnten Begegnungen und erschütternden Enthüllungen versteht sie, dass das Leben weder reines Schicksal noch purer Zufall ist und dass ihre Rückkehr vielleicht so etwas wie ein wenig Glück bedeutet.

Chantal Thomas *Leb wohl, meine Königin!*

Das Porträt einer mutigen Frau: Die Vorleserin Marie-Antoinettes erinnert sich an ihre letzten Momente in Gesellschaft der Königin, kurz nach dem Sturm auf die Bastille. Es sind Augenblicke des zerbrechenden Glücks. Stunde für Stunde zeichnet sich ab, dass die Revolution nicht mehr aufzuhalten ist.

Kathleen Winsor *Amber*

England zur Zeit der Restauration: Unerschrocken kämpft sich eine mittellose junge Frau durch die Jahre des Bürgerkriegs, der Pest und des Großen Brands von London hindurch an den höchsten Platz, den eine Frau in jener Gesellschaft einnehmen kann: Sie wird die erste Geliebte des englischen Königs.

Pearl S. Buck *Das Mädchen Orchidee*

Mit Klugheit und Tatkraft gelingt es dem einfachen Bürgermädchen Tsu Hsi, von der kaiserlichen Konkubine zur Herrscherin über ein Weltreich emporzusteigen – um den Preis ihrer einzigen und ersten Liebe. Die Nobelpreisträgerin Pearl S. Buck hat aus dem Leben der Kaiserin Tsu Hsi ein atemberaubendes Panorama des alten China geschaffen.

Patrick Deville *Äquatoria*

Schon als Kind packte ihn das Entdeckungsfieber. In Frankreichs Auftrag reist Pierre Savorgnan de Brazza durch Gabun, Angola, Algerien, in den Kongo, an die Ufer des Tanganjikasees und nach Sansibar. Als er später der brutalen Gewaltherrschaft der kolonialen Regimes begegnet, wird sein Bericht im Safe des Ministeriums weggesperrt.